KONFUZIUS
GESPRÄCHE UND ZITATE

KONFUZIUS

LUNYU: GESPRÄCHE UND ZITATE

AURABOOKS

– Bibliografische Information der Deutschen Nationalbibliothek –
Die Deutsche Nationalbibliothek verzeichnet diese Publikation in
der Deutschen Nationalbibliografie; detaillierte bibliografische Daten
sind im Internet über http://dnb.d-nb.de abrufbar.

IMPRESSUM

ISBN: 978-3753444925
KONFUZIUS: LUNYU: GESPRÄCHE UND ZITATE
Originalausgabe 2019/2018 (Print/eBook); © AuraBooks®
Aus dem Chinesischen übersetzt von Richard Wilhelm
Lektorat: Richard Steinheimer
Endlektorat und Umschlaggestaltung: *textkompetenz.net*
Herausgeber: AuraBooks | eclassica@aurabooks.de
Gesetzt aus der Garamond
Herstellung und Verlag: Books on Demand – BoD, 22848 Norderstedt
Dieses Buch gibt es auch als eBook,
z. B. im amazon Kindle Bookstore

INHALT

Vorbemerkung des Herausgebers

KONFUZIUS, auch Lehrmeister Kong oder K'ung-fu-tzu, ist der im Westen bekannteste chinesische Philosoph und lebte vermutlich zwischen 551 und 479 v. Chr. in der heutigen Provinz Shandong, an der Ostküste Chinas. Sein Vater starb bereits zwei Jahre nach seiner Geburt, und der Junge, einer alten Adelsfamilie angehörend, wurde von seinem Großvater ausgebildet. Bereits mit 19 Jahren heiratete Konfuzius und trat in den Verwaltungsdienst seiner Provinz ein. Später verließ er die Heimat und bereiste weite Teile des chinesischen Großreichs, oft als politischer Berater der lokalen Machthaber.

Von der Politik unbefriedigt, wendet er sich der Spiritualität zu. Zentraler Gegenstand seiner Lehre wird die (Gesellschafts-) Ordnung, also das Verhältnis zwischen Kind und Eltern, Vorgesetzten und Untergebenen, die Ahnenverehrung, Sitten und Riten. Erst dieses Geflecht der Ordnung schaffe die Rahmenbedingungen für freie Entfaltung des Menschen.

Als Ideal gilt Konfuzius der ›Edle‹, ein moralisch guter Mensch. Edel kann der Mensch dann sein, wenn er sich in Harmonie mit dem Weltganzen befindet: »Den Ankerpunkt zu finden, der unser sittliches Selbst mit der allumfassenden Ordnung, der zentralen Harmonie vereint«, sieht Konfuzius als den Kern des menschlichen Strebens. Harmonie und Mitte, Gleichmut und innerer Ausgleich sind dabei zentrale Begriffe.

Den Weg zum ›edlen Leben‹ eröffnet vor allem die Bildung. Sie müsse jedermann zugänglich sein. Standesunterschiede dürften keine Rolle spielen und die Chancen zum sozialen und intellektuellen Aufstieg sollten jedem eröffnet sein.

Zu Lebzeiten des Meisters spielte die Lehre des Konfuzianismus noch keine bedeutende Rolle. Erst seine Schüler bauten das philosophische Gebäude aus und gewannen Einfluss – in manchen Phasen des Reiches bis hin zu einer ›Staatsreligion‹. Von Konfuzius selbst sind keine Schriften überliefert, sondern Zitate, Gespräche und Anekdoten, die später von Schülern und Biographen tradiert wurden.

BUCH I

1 – Glück in der Beschränkung

Der Meister sprach: »Lernen und fortwährend üben: Ist das denn nicht auch befriedigend? Freunde haben, die aus fernen Gegenden kommen: Ist das nicht auch fröhlich? Wenn die Menschen einen nicht erkennen, doch nicht murren: Ist das nicht auch edel?«

2 – Ehrfurcht als Grundlage der staatlichen Ordnung

Meister Yu[1] sprach: »Dass jemand, der als Mensch pietätvoll und gehorsam ist, doch es liebt, seinen Oberen zu widerstreben, ist selten. Dass jemand, der es nicht liebt, seinen Oberen zu widerstreben, Aufruhr macht, ist noch nie dagewesen. Der Edle pflegt die Wurzel; steht die Wurzel fest, so wächst der Weg. Pietät und Gehorsam: das sind die Wurzeln des Menschentums.«

3 – Der Schein trügt

Der Meister sprach: »Glatte Worte und einschmeichelnde Mienen sind selten vereint mit Sittlichkeit.«

4 – Tägliche Selbstprüfung

Meister Dsong[2] sprach: »Ich prüfe täglich dreifach mein Selbst: Ob ich, für andere sinnend, es etwa nicht aus innerstem Herzen getan; ob ich, mit Freunden verkehrend, etwa meinem Worte nicht treu war; ob ich meine Lehren etwa nicht geübt habe.«

5 – Regentenspiegel

Der Meister sprach: »Bei der Leitung eines Staates von 1000 Kriegswagen muss man die Geschäfte achten und wahr sein, sparsam verbrauchen und die Menschen lieben, das Volk benutzen entsprechend der Zeit.«[3]

---

[1] Yu: Vgl. Anm. zu I,2.

[2] Dsong: Yu Jo, ein direkter Schüler und Landsmann Konfuzius'. Nur von ihm und dem Schüler Dsong Schen wird in Lun Yü als ›Meister‹ gesprochen.

[3] Dem Kaiser des ganzen Reichs unterstanden zusammen 10.000 Kriegswagen. Je eine Stadt hatte einen Kriegswagen zu stellen, ein Staat mit 1000 Kriegswagen hatte daher 1000 Städte und gehörte somit zu den größten Staaten in der damaligen Welt des Ostens. Die Untertanen hatten Frondienste zu leisten für den Bau von Wällen, Wegen usw. Dabei sollte der Einzelne nicht länger als drei Tage herangezogen werden, und zwar zu einer Zeit, da die Arbeiten des Landbaus nicht beeinträchtigt wurden.

6 – Moralische und Ästhetische Bildung der Jugend

Der Meister sprach: »Ein Jüngling soll nach innen kindesliebend, nach außen bruderliebend sein, pünktlich und wahr, seine Liebe überfließen lassend auf alle und eng verbunden mit den Sittlichen. Wenn er so wandelt und übrige Kraft hat, so mag er sie anwenden zur Erlernung der Künste.«

7 – Wer ist gebildet?

Dsï Hia sprach: »Wer die Würdigen würdigt, sodass er sein Betragen ändert, wer Vater und Mutter dient, sodass er dabei seine ganze Kraft aufbietet, wer dem Fürsten dient, sodass er seine Person drangibt, wer im Verkehr mit Freunden so redet, dass er zu seinem Worte steht: Wenn es von einem solchen heißt, er habe noch keine Bildung, so glaube ich doch fest, dass er Bildung hat.«

8 – Kultur der Persönlichkeit

Der Meister sprach: »Ist der Edle nicht gesetzt, so scheut man ihn nicht. Was das Lernen betrifft, so sei nicht beschränkt. Halte dich eng an die Gewissenhaften und Treuen. Mache Treu und Glauben zur Hauptsache. Habe keinen Freund, der dir nicht gleich ist. Hast du Fehler, scheue dich nicht, sie zu verbessern.«

9 – Pflege der Vergangenheit als Regierungsgrundsatz

Meister Dsong sprach: »Gewissenhaftigkeit gegen die Vollendeten[4] und Nachfolge der Dahingegangenen: so wendet sich des Volkes Art zur Hochherzigkeit.«

10 – Die rechte Art, von anderen Aufschluss zu erlangen

Dsï Kin fragte den Dsï Gung und sprach: »Wenn der Meister in irgendein Land kommt, so erfährt er sicher seine Regierungsart: Bittet er oder wird es ihm entgegengebracht?« Dsï Gung sprach: »Der Meister ist müde, einfach, ehrerbietig, mäßig und nachgiebig:

---

[4] ... ›gegen die Vollendeten‹: Nach den chinesischen Kommentaren ist damit gemeint die Sorge für die Beerdigungsbräuche, und mit der ›Nachfolge‹ der Dahingegangenen der regelrechte Vollzug der Ahnenopfer. Der zugrundeliegende Gedanke ist, dass eine wirkliche Kultur nur dadurch bestehen kann, dass sie ihre Wurzel im Erbe der Väter nicht preisgibt.

dadurch erreicht er es. Des Meisters Art zu bitten: ist sie nicht verschieden von andrer Menschen Art zu bitten?«

11 – Merkmale der Pietät

Der Meister sprach: »Ist der Vater am Leben, so schaue auf seinen Willen. Ist der Vater nicht mehr, so schaue auf seinen Wandel. Drei Jahre lang nicht ändern des Vaters Weg: das kann kindesliebend heißen.«

12 – Freiheit und Form

Meister Yu sprach: »Bei der Ausübung der Formen ist die (innere) Harmonie die Hauptsache. Der alten Könige Pfad ist dadurch so schön, dass sie im Kleinen und Großen sich danach richteten. Dennoch gibt es Punkte, wo es nicht geht. Die Harmonie kennen, ohne dass die Harmonie durch die Form geregelt wird: das geht auch nicht.«

13 – Vorteil der Zurückhaltung

Meister Yu sprach: »Abmachungen müssen sich an die Gerechtigkeit halten, dann kann man sein Versprechen erfüllen. Ehrenbezeugungen müssen sich nach den Regeln richten, dann bleiben Schande und Beschämung fern. Beim Anschluss an andre werfe man seine Zuneigung nicht weg, so kann man verbunden bleiben.«

14 – Wonach der Philosoph trachtet

Der Meister sprach: »Ein Edler, der beim Essen nicht nach Sättigung fragt, beim Wohnen nicht nach Bequemlichkeit fragt, eifrig im Tun und vorsichtig im Reden, sich denen, die Grundsätze haben, naht, um sich zu bessern: der kann ein das Lernen Liebender genannt werden.«

15 – Fortschritt im Ertragen von Armut und Reichtum

Dsï Gung sprach: »Arm ohne zu schmeicheln, reich ohne hochmütig zu sein: wie ist das?«

Der Meister sprach: »Es geht an, kommt aber noch nicht dem gleich: arm und doch fröhlich sein, reich und doch die Regeln lieben.«

Dsï Gung sprach: »Ein Lied sagt:

›Erst geschnitten, dann gefeilt,

Erst gehauen, dann geglättet.‹

Damit ist wohl eben das gemeint?«

Der Meister sprach: »Sï, anfangen kann man, mit ihm über die Lieder zu reden. Sagt man die Folgerung, so kann er den Grund finden.«[5]

16 – Verkanntsein und Kennen

Der Meister sprach: »Nicht kümmere ich mich, dass die Menschen mich nicht kennen. Ich kümmere mich, dass ich die Menschen nicht kenne.«

BUCH II

1 – Der Polarstern

Der Meister sprach: »Wer Kraft seines Wesens[6] herrscht, gleicht dem Nordstern. Der verweilt an seinem Ort und alle Sterne umkreisen ihn.«

2 – Keine unreinen Gedanken

Der Meister sprach: »Des Liederbuchs[7] dreihundert Stücke sind in dem einen Wort befasst: Denke nicht Arges!«

---

[5] ... den Grund finden: Das Wort des Dsï Gung bezieht sich auf sein eigenes Leben: Er war arm gewesen, ohne schmeichlerisch zu sein, und war reich geworden, ohne hochmütig zu sein. Dafür will er sich vom Meister eine gute Zensur holen. Der aber durchschaut ihn und hält ihm sofort ein höheres Ideal für weiteres Streben vor. Dsï Gung aber zeigt sich darin als des Meisters würdiger Schüler, dass er sofort auf dessen Gedanken eingeht und ihn mit einer Stelle aus der ›Schrift‹ belegt. Darüber freut sich dann der Meister, und nun erteilt er ihm ein aufrichtiges Lob.

[6] ›... seines Wesens‹: Das chinesische Wort ›de‹, das in der Regel mit ›Tugend‹ übersetzt wird, hat in Wirklichkeit eine weit umfassendere Bedeutung. Die chinesischen Kommentare erklären es: Was die Wesen erhalten, um zu entstehen, zu leben, heißt ›de‹. Es schließt das ganze Wesen der Persönlichkeit und die Macht, die von einer Person ausgeht, mit ein.

[7] ... eines Liederbuchs, d. h. des ›Schï Ging‹.

3 – Gesetz und Geist bei der Staatsregierung

Der Meister sprach: »Wenn man durch Erlasse leitet und durch Strafen ordnet, so weicht das Volk aus und hat kein Gewissen. Wenn man durch Kraft des Wesens leitet und durch Sitte ordnet, so hat das Volk Gewissen und erreicht (das Gute).«

4 – Stufen der Entwicklung des Meisters

Der Meister sprach: »Ich war fünfzehn, und mein Wille stand aufs Lernen, mit dreißig stand ich fest, mit vierzig hatte ich keine Zweifel mehr, mit fünfzig war mir das Gesetz des Himmels kund, mit sechzig war mein Ohr aufgetan, mit siebzig konnte ich meines Herzens Wünschen folgen, ohne das Maß zu übertreten.«

5 – Über Kindespflicht
I: NICHT ÜBERTRETEN

Der Freiherr Mong I fragte nach (dem Wesen) der Kindespflicht. Der Meister sprach: »Nicht übertreten.« Als Fan Tschï hernach seinen Wagen lenkte, erzählte es ihm der Meister und sprach: »Freiherr Mong I befragte mich über die Kindespflicht und ich sprach: Nicht übertreten.« Fan Tschï sprach: »Was heißt das?« Der Meister sprach: »Sind die Eltern am Leben, ihnen dienen, wie es sich ziemt, nach ihrem Tod sie beerdigen, wie es sich ziemt, und ihnen opfern, wie es sich ziemt.«[8]

6 – Über Kindespflicht
II: KRANKHEIT

Der Freiherr Mong Wu fragte nach (dem Wesen) der Kindespflicht. Der Meister sprach: »Man soll den Eltern außer durch Erkrankung keinen Kummer machen.«

---

[8] Auch hier ein Beispiel für die Methode Konfuzius'. Er sucht durch seine Antwort immer den Fragenden zum Denken anzuregen. Bei dem vornehmen Mong I ist ihm das nicht gelungen. Der zog sich mit der halbverstandenen Antwort zurück, ohne weiter zu fragen. So muss der Meister einen indirekten Weg gehen, indem er Frage und Antwort seinem Schüler Fan Tschï erzählt. Der geht auf seine Intention ein und fragt weiter, sodass der Meister seine Erklärung anbringen kann. Da Fan Tschï mit Mong I bekannt war, so war es sicher, dass die Antwort an ihre rechte Adresse kam.

7 – Über Kindespflicht

Dsï Yu fragte nach (dem Wesen) der Kindespflicht. Der Meister sprach »Heutzutage kindesliebend sein, das heißt (seine Eltern) ernähren können. Aber Ernährung können alle Wesen bis auf Hunde und Pferde herunter haben. Ohne Ehrerbietung: was ist da für ein Unterschied?«

8 – Über Kindespflicht

Dsï Hia fragte nach (dem Wesen) der Kindespflicht. Der Meister sprach: »Der Gesichtsausdruck ist schwierig. Wenn Arbeit da ist und die Jugend ihre Mühen auf sich nimmt; wenn Essen und Trinken da ist, den Älteren den Vortritt lassen: kann man denn das schon für kindesliebend halten?«

9 – Merkmal des Verständnisses

Der Meister sprach: »Ich redete mit Hui[9] den ganzen Tag; der erwiderte nichts, wie ein Tor. Er zog sich zurück und ich beob- achtete ihn beim Alleinsein, da war er imstande, (meine Lehren) zu entwickeln. Hui, der ist kein Tor.«

10 – Menschenkenntnis: Worauf man sehen muss

Der Meister sprach: »Sieh, was einer wirkt, schau, wovon er bestimmt wird, forsche, wo er Befriedigung findet: wie kann ein Mensch da entwischen? Wie kann ein Mensch da entwischen?«

11 – Ein guter Lehrer

Der Meister sprach: »Das Alte üben und das Neue kennen: dann kann man als Lehrer gelten.«

12 – Der Edle

Der Meister sprach: »Der Edle ist kein Gerät.«

---

[9] Hui: Der Lieblingsjünger Konfuzius', der seine Ahnentafel im Konfuziustempel dem Meister am nächsten hat.

13 – Der Edle

Dsï Gung fragte nach dem (Wesen des) Edlen. Der Meister sprach: »Erst handeln und dann mit seinen Worten sich danach richten.«

14 – Der Edle

Der Meister sprach: »Der Edle ist vollkommen und nicht engherzig. Der Gemeine ist engherzig und nicht vollkommen.«

15 – Lernen und Denken

Der Meister sprach: »Lernen und nicht denken ist nichtig. Denken und nicht lernen ist ermüdend.«[10]

16 – Irrlehren

Der Meister sprach: »Irrlehren anzugreifen, das schadet nur.«

17 – Das Wissen

Der Meister sprach: »Yu, soll ich dich das Wissen lehren? Was man weiß, als Wissen gelten lassen, was man nicht weiß, als Nichtwissen gelten lassen: das ist Wissen.«

18 – Wie man eine Lebensstellung erwirbt

Dsï Dschang wollte eine Lebensstellung erreichen. Der Meister sprach: »Viel hören, das Zweifelhafte beiseitelassen, vorsichtig das Übrige aussprechen, so macht man wenig Fehler. Viel sehen, das Gefährliche beiseite lassen, vorsichtig das Übrige tun, so hat man wenig zu bereuen. Im Reden wenig Fehler machen, im Tun wenig zu bereuen haben: darin liegt eine Lebensstellung.«

19 – Fügsame Untertanen

Fürst Ai fragte und sprach: »Was ist zu tun, damit das Volk fügsam wird?« Meister Konfuzius entgegnete und sprach: »Die Geraden erheben, dass sie auf die Verdrehten drücken: so fügt sich das Volk. Die Verdrehten erheben, dass sie auf die Geraden drücken: so fügt sich das Volk nicht.«

---

[10] Vgl. Kant: »Erfahrung ohne Begriffe ist blind. Begriffe ohne Erfahrung sind leer.«

20 – Das Beispiel der Herrschenden

Freiherr Gi Kang fragte: »Das Volk zur Ehrfurcht und Treue zu bringen durch Ermahnungen: was ist davon zu halten?« Der Meister sprach: »Sich (zum Volk) herablassen mit Würde: dadurch bekommt (das Volk) Ehrfurcht; kindliche Ehrfurcht und Menschenliebe (zeigen): dadurch wird es treu. Die Guten erhöhen und die Unfähigen belehren: so wird das Volk ermahnt.«

21 – Abweisung eines lästigen Fragers

Es redete jemand zu Meister Konfuzius und sprach: »Weshalb beteiligt sich der Meister nicht an der Leitung (des Staates)?« Der Meister sprach: »Wie steht im ›Buch‹ von der Kindespflicht geschrieben? Kindliche Ehrfurcht und Freundlichkeit gegen die Brüder, das muss man halten, um Leitung zu üben. Das heißt also auch Leitung ausüben. Warum soll denn nur das (amtliche Wirken) Leitung heißen?«

22 – Unaufrichtigkeit macht unbrauchbar

Der Meister sprach: »Ein Mensch ohne Glauben: ich weiß nicht, was mit einem solchen zu machen ist. Ein großer Wagen ohne Joch, ein kleiner Wagen ohne Kummet, wie kann man den voranbringen?«

23 – Hundert Generationen zu kennen

Dsï Dschang fragte, ob man zehn Zeitalter wissen könne. Der Meister sprach: »Die Yin-Dynastie beruht auf den Sitten der Hia-Dynastie; was sie davongenommen und dazu getan, kann man wissen. Die Dschou-Dynastie beruht auf den Sitten der Yin-Dynastie. Was sie davongenommen und dazugetan, kann man wissen. Eine andere Dynastie mag die Dschou-Dynastie fortsetzen, aber ob es hundert Zeitalter wären, man kann wissen (wie es gehen wird).«

24 – Religion und Moral

Der Meister sprach: »Andern Geistern als den eigenen (Ahnen) zu dienen, ist Schmeichelei. Die Pflicht sehen und nicht tun, ist Mangel an Mut.«

Buch III

Das folgende Buch handelt hauptsächlich von den Riten und Zeremonien, die bei der Regierung in Ausübung kommen. Da es viele historische Beziehungen hat, ist die Durcharbeitung des Stoffes nicht immer leicht. Umgekehrt gibt es dem aufmerksamen Beobachter vielen Stoff für die richtige Einordnung Konfuzius' in den historischen Verlauf des chinesischen Geisteslebens. Der in dem Buch wiederholt ausgesprochene Gedanke ist, dass alle äußere Form nur dann Sinn hat, wenn ihr ein adäquater Inhalt zur Seite steht. So müssen auch alle Riten und Religionsbräuche Ausfluss der entsprechenden religiösen Gesinnung sein, wenn sie Wert haben sollen. Im Übrigen wenden sich die einzelnen Abschnitte gegen Luxus, Anmaßung und Überfeinerung der Zeit und weisen auf die Einfachheit und Strenge des Altertums als Vorbild. *[Vorbemerkung des Übersetzers]*

1 – Usurpatorenbrauch

I: Acht Reihen

Meister Konfuzius sagte von dem Freiherrn Gi, in dessen Haustempel acht Reihen (von Tempeldienern) die heiligen Handlungen ausführten: »Wenn man das hingehen lassen kann, was kann man dann nicht hingehen lassen?«

2 – Usurpatorenbrauch

II: Yung-Ode

Die drei Familien ließen unter den Klängen der Yung-Ode (die Opfergeräte) abräumen. Der Meister sprach. »»Die Vasallen dienen, der Sohn des Himmels schaut würdevoll darein.‹ Welchen Sinn haben diese Worte in der Halle der drei Familien?«

3 – Religion und Kunst ohne Sittlichkeit

Der Meister sprach: »Ein Mensch ohne Menschenliebe, was hilft dem die Form? Ein Mensch ohne Menschenliebe, was hilft dem die Musik?«

4 – Das Wesen der Formen

Lin Fang fragte nach der Wurzel der Formen. Der Meister sprach. »Ja, das ist eine wichtige Frage. Bei den Formen des Verkehrs ist wertvoller als Prunk die Einfachheit. Bei Trauerfällen ist wertvoller als Leichtigkeit die Trauer.«[11]

5 – Die Barbaren und das Reich

Der Meister sprach: »Der Zustand der Barbarenstaaten, die ihre Fürsten haben, ist nicht wie der Zustand unseres großen Reiches, das keine hat.«

6 – Man kann die Gottheit nicht betrügen

Freiherr Gi opferte dem Taischan, und der Meister sagte zu Jan Yu und sprach: »Kannst du ihn nicht davor bewahren?« Er erwiderte: »Ich kann es nicht.« Der Meister sprach: »Ach, in eurem Reden vom Taischan gleicht ihr nicht Lin Fang.«

7 – Der Gebildete im Wettstreit

Der Meister sprach: »Der Edle kennt keinen Streit. Oder ist es beim Bogenschießen vielleicht notwendig? Da lässt er mit einer Verbeugung dem andern den Vortritt beim Hinaufsteigen. Er steigt wieder herab und lässt ihn trinken. Er bleibt auch im Streit ein Edler.«

8 – Die Form das Letzte

Dsi Hia fragte und sprach:
> *»Was bedeutet die Stelle:*
> *Ihres schelmischen Lächelns Grübchen,*
> *Ihrer schönen Augen Blinken*
> *Macht schlichtes Weiß zur schönsten Zier?«*

Der Meister sprach: »Beim Malen setzt man zuletzt die weißen Stellen auf.« Der Schüler sprach: »Also sind die Formen des Benehmens das Letzte.« Da sprach der Meister: »Wer mir behilflich ist (meine Gedanken herauszubringen), das ist Schang.[12] Mit dem kann man anfangen, über die Lieder zu reden.«

---

[11] Die Antwort Konfuzius' lässt erkennen, wie sehr er die Innerlichkeit des Gefühlslebens wichtig nimmt, sogar auf Kosten der äußeren Form.

[12] Schang: Vorname des Dsi Hia

9 – Verfall der Kenntnis des Altertums

Der Meister sprach: »Die Riten der Hia-Dynastie könnte ich beschreiben, aber die Gi sind nicht imstande, meine Worte zu bestätigen. Die Riten der Yin-Dynastie könnte ich beschreiben, aber die Sung sind nicht imstande, meine Worte zu bestätigen. Der Grund dafür ist, dass ihre literarischen Urkunden und Gelehrten nicht mehr auf der Höhe sind. Wenn sie auf der Höhe wären, so könnte ich mich auf sie berufen.«

10 – Das große Opfer in Lu

Der Meister sprach: »Beim großen Opfer (für den Ahn der Dynastie) mag ich vom Ausgießen der Libation (Trankopfer) an nicht mehr zusehen.«

11 – Die geheimnisvolle Bedeutung des großen Opfers für die Regierung

Es fragte jemand nach der Bedeutung des großen Opfers (für den Ahn der Dynastie). Der Meiser sprach: »Weiß nicht. Wer davon die Bedeutung wüsste, der wäre imstande, die Welt zu regieren, – so leicht wie hierher zu sehen!« Dabei deutete er auf seine flache Hand.

12 – Ernst im Verkehr mit den Überirdischen

Er opferte (den Ahnen) als in ihrer Gegenwart. Er opferte den Göttern als in ihrer Gegenwart. Der Meister sprach: »Wenn ich bei der Darbringung meines Opfers nicht anwesend bin, so ist es, als habe ich gar nicht geopfert.«

13 – Herdgott und Hausgeist

Wang Sun Gia fragte und sprach: »Was ist der Sinn des Sprichworts: Man macht sich eher an den Herdgeist als an den Geist des inneren

Hauses?« Der Meister sprach: »Nicht also; sondern wer gegen den Himmel sündigt, hat niemanden, zu dem er beten kann.«[13]

14 – Kulturfortschritt

Der Meister sprach: »Die Dschou-Dynastie sieht auf zwei Dynastien zurück. Ihre ganze Bildung ist daher verfeinert. Ich schließe mich der Dschou-Dynastie an.«

15 – Geschicklichkeit in der Religion

Als der Meister das königliche Heiligtum betrat, erkundigte er sich nach jeder einzelnen Verrichtung. Da sprach jemand: »Wer will behaupten, dass der Sohn des Mannes von Dsou die Religion kennt, da er sich beim Betreten des großen Tempels erst nach jeder einzelnen Verrichtung erkundigt?« Der Meister hörte es und sprach: »Das eben ist Religion.«

16 – Geschicklichkeit nicht rohe Kraft

Der Meister sprach: »Beim Bogenschießen kommt es nicht darauf an, durch die Scheibe durchzuschießen, weil die Körperkraft der Menschen verschieden ist. So hielt man's wenigstens in alter Zeit.«

17 – Das Opferschaf

Dsï Gung wollte, dass das Opferschaf bei der Verkündigung des neuen Mondes abgeschafft würde. Der Meister sprach: »Mein lieber Sï, dir ist es leid um das Schaf, mir ist es leid um den Rauch.«

---

[13] Der Geist des Hauses, der seinen Sitz in der Südwestecke des Gebäudes hat, scheint eine Gottheit zu sein, die in ältester Zeit verehrt wurde und dem römischen ›Lar‹ entspricht, dessen Verehrung aber offenbar schon zu Konfuzius' Zeit wesentlich zurückgegangen war. Der Herdgeist oder Küchengott, dessen Verehrung vielleicht auf Einflüsse des persischen Feuerdienstes zurückzuführen ist, ist noch heute eine der populärsten Gottheiten Chinas. Namentlich am 25. des letzten Monats, wenn er in den Himmel steigt und Bericht erstattet über die Hausbewohner, wird ihm eifrig geopfert und Honig auf die Lippen gestrichen, damit er nur Freundliches aussage. Der Weise schneidet aber alle die Beziehungen, die der Frager im Sinne hat, ab mit dem Hinweis auf die sittliche Verantwortung, die der Mensch dem höchsten Wesen gegenüber hat, vor der alle solche Spitzfindigkeiten in nichts zusammensinken. Die Szene ist zugleich einer der Höhepunkte in der Religionsgeschichte, wo die unmittelbaren Forderungen des Gewissens mit elementarer Gewalt hervorbrechen, und tritt in dieser Beziehung würdig dem Ausspruch des alttestamentlichen Propheten zur Seite (Micha 6, Vers 8): »Er hat dir gesagt, Mensch, was recht ist! Und was fordert Jahwe von dir, außer recht tun, Liebe üben und demütig wandeln vor deinem Gott?«

18 – Verkannte Gewissenhaftigkeit im Fürstendienst

Der Meister sprach: »Wenn man heutzutage im Dienst des Fürsten alle Gerechtigkeit erfüllt, so halten es die Leute für Schmeichelei.«

19 – Fürst und Beamte

Fürst Ding fragte, wie ein Fürst seine Beamten behandeln und wie die Beamten ihrem Fürsten dienen sollen. Meister Konfuzius entgegnete und sprach: »Der Fürst behandle den Beamten, wie es die Sitte verlangt, der Beamte diene dem Fürsten, wie es sein Gewissen verlangt.«

20 – Maß im Ausdruck der Empfindung

Der Meister sprach: »Das Guan Dsü Lied ist fröhlich, ohne ausgelassen zu sein, ist sehnsuchtsvoll, ohne das Herz zu verwunden.«

21 – Noli tangere[14]

Fürst Ai erkundigte sich bei Dsai Wo über (die alten Bräuche betreffend) Erdaltars. Dsai Wo erwiderte und sprach: »Die Herrscher aus dem Hause Hia pflanzten Föhren darum, die Leute der Yindynastie Zypressen, die Leute der Dschou-Dynastie aber Zitterpappeln, wohl um die Untertanen zittern zu machen.« Der Meister hörte es und sprach: »Über Taten, die geschehen sind, ist es umsonst, zu sprechen. Bei Taten, die ihren Lauf genommen haben, ist es umsonst, zu mahnen; wollen wir, was vorüber ist, nicht tadeln.«

22 – Verschwendung und Anmaßung als Zeichen beschränkten Charakters

Der Meister sprach: »Guan Dschung war doch im Grunde ein beschränkter Geist.« Jemand sprach: »War Guan Dschung zu einfach?« (Der Meister) sprach: »Guan hat sich den prächtigen San Gui Palast gebaut, und für jede einzelne Verrichtung hatte er einen besonderen Angestellten. Wie kann man da behaupten, dass er einfach war?« »Aber dann verstand sich Guan Dschung wohl besonders gut auf die Etikette?« (Der Meister) sprach: »Die Landesfürsten haben das Vorrecht, eine Schutzwand vor ihrem Palasttor zu errichten. Guan hatte dieselbe Schutzwand vor seinem

---

14 Noli tangere (lat.): Berühre mich nicht!

Tor. Die Landesfürsten pflegen bei ihren Zusammenkünften besondere Kredenztische zu benutzen, Guan benutzte ebenfalls einen solchen Kredenztisch. Wenn Guan sich auf die Etikette verstand, wer versteht sich dann nicht auf Etikette?«

23 – Der rechte Vortrag der Musik
Der Meister redete mit dem Musikmeister von Lu über Musik und sprach: »Man kann wissen, wie ein Musikstück ausgeführt werden muss. Beim Beginn muss es zusammenklingen. Bei der Durchführung müssen in harmonischer Weise die einzelnen Themen herausgehoben werden in fließendem Zusammenhang bis zum Ende.

24 – Der Grenzwart
Der Grenzwart von I[15] bat (beim Meister) eingeführt zu werden, (indem) er sprach: »Wenn ein großer Mann hier durchkommt, wurde es mir noch nie versagt, ihn zu sehen.« Darauf wurde er eingeführt. Als er herauskam, sprach er: »Meine Freunde, was seid ihr traurig, als wäre alles aus? Die Welt war lange ohne Wort Gottes; nun gebraucht der Himmel euren Meister als Glocke.«

25 – Klangschönheit und Formvollendung in der Musik
Der Meister sprach von der Schau-Musik: »Sie erreicht die höchste Klangschönheit und ist auch in ihrem technischen Aufbau vollkommen.« Von der Wu-Musik sagte er: »Sie steht an Klangschönheit ebenso hoch, aber ist in ihrer Form nicht so vollkommen.«

26 – Die rechte Gesinnung das Wichtigste
Der Meister sprach: »Hervorragende Stellung ohne Großartigkeit, Religionsübung ohne Ehrfurcht, Erledigung der Beerdigungsbräuche ohne Herzenstrauer: solche Zustände kann ich nicht mit ansehen.«

---

[15] ›I‹ ist der Grenzplatz des Staates We, wohin sich Konfuzius begab, als er infolge der Intrigen, die den Herrscher von Lu umsponnen hatten, sich aus seiner amtlichen Stellung zurückziehen musste. Die Szene fällt in den Anfang der langen Wanderzeit Konfuzius'.

BUCH IV

Das vierte Buch handelt in seinen ersten Abschnitten von einem der wichtigsten Begriffe der konfuzianischen Lehre, dem ›jen‹. Der Begriff hängt zusammen mit dem Begriff ›jen‹ – ›Mensch‹; ja der Begriff ›Mensch‹ wird in dem Werk ›Dschung Yung‹ direkt zur Erklärung herangezogen. Gewöhnlich wird das Wort übersetzt mit ›Menschlichkeit‹, ›Humanität‹, ›Wohlwollen‹, ›Vollkommenheit‹. Es sind das alles Übersetzungen, die möglich sind nach vorausgegangener Definition. ›Menschlichkeit‹ hat aber eine etwas andre Klangfarbe, ebenso ›Humanität‹, deshalb haben wir, um einen möglichst umfassenden Begriff zu geben, den Ausdruck ›sittlich‹, ›Sittlichkeit‹ gewählt. Es liegt darin das ›sozial Bedingte, das mit der weiteren Entwicklung sich erweitert zum Ideal der gerecht-liebevollen Behandlung der Nebenmenschen im Sinn der möglichsten Förderung der Menschheit im eigenen und fremden Ich‹ (vgl. Eisler, Wörterbuch der philosophischen Begriffe). Diese Definition deckt sich genau mit dem chinesischen Begriff. *[Vorbemerkung des Übersetzers]*

1 – Gute Nachbarschaft

Der Meister sprach: »Gute Menschen machen die Schönheit eines Platzes aus. Wer die Wahl hat und nicht unter guten Menschen wohnen bleibt, wie kann der wirklich weise (genannt) werden?«

2 – Seelenfrieden

Der Meister sprach: »Ohne Sittlichkeit kann man nicht dauernde Bedrängnis ertragen, noch kann man langen Wohlstand ertragen. Der Sittliche findet in der Sittlichkeit Frieden, der Weise achtet die Sittlichkeit für Gewinn.«

3 – Die Kunst des Liebens und Hassens

Der Meister sprach: »Nur der Sittliche kann lieben und hassen.«

4 – Ein guter Wille überwindet das Böse

Der Meister sprach: »Wenn der Wille auf die Sittlichkeit gerichtet ist, so gibt es kein Böses.«

5 – Das Ideal und das Leben

Der Meister sprach: »Reichtum und Ehre sind es, was die Menschen wünschen; aber wenn sie einem unverdient zuteilwerden, so soll man sie nicht festhalten. Armut und Niedrigkeit sind es, was die Menschen hassen; aber wenn sie einem unverdient zuteilwerden, so soll man sie nicht loszuwerden suchen. Ein Edler, der von der Sittlichkeit lässt, entspricht nicht dem Begriff (des Edlen). Der Edle übertritt nicht während der Dauer einer Mahlzeit die (Gesetze der) Sittlichkeit. In Drang und Hitze bleibt er unentwegt dabei, in Sturm und Gefahr bleibt er unentwegt dabei.«

6 – Pflicht und Neigung

Der Meister sprach: »Ich habe noch niemand gesehen, der das Sittliche hebt und das Unsittliche hasst. Wer das Sittliche hebt, dem geht nichts darüber. Wer das Unsittliche hasst, dessen Sittlichkeit ist so stark, dass nichts Unsittliches seiner Person sich nahen kann. Wenn einer einen Tag lang seine ganze Kraft an das Sittliche setzen will: ich habe noch keinen gesehen, dessen Kraft dazu nicht ausreichte. Vielleicht gibt es auch solche, aber ich habe noch keinen gesehen.«

7 – Psychologie der Verfehlungen

Der Meister sprach: »Die Überschreitungen eines jeden Menschen entsprechen seiner Wesensart. Dadurch, dass man seine Überschreitungen sieht, kann man einen Menschen erkennen.«

8 – Das Beste in der Welt

Der Meister sprach: »In der Frühe die Wahrheit vernehmen und des Abends sterben: das ist nicht schlimm.«

9 – Falsche Scham

Der Meister sprach: »Der Gebildete richtet sein Streben auf die Wahrheit; wenn einer aber sich schlechter Kleider und schlechter Nahrung schämt, der ist noch nicht reif, um mitzureden.«

10 – *Sine ira et studio*[16]

Der Meister sprach: »Der Edle hat für nichts auf der Welt eine unbedingte Voreingenommenheit oder eine unbedingte Abneigung. Das Rechte allein ist es, auf dessen Seite er steht.«

11 – *Edles und gemeines Streben*

Der Meister sprach: »Der Edle liebt den inneren Wert, der Gemeine liebt das Irdische; der Edle liebt das Gesetz, der Gemeine sucht die Gunst.«

12 – *Nachteil der Selbstsucht*

Der Meister sprach: »Wer bei seinen Handlungen immer auf Vorteil aus ist, zieht sich viel Groll zu.«

13 – *Wesen und Schein*

Der Meister sprach: »Wer durch Ausübung der Moral seinen Staat regiert, was (für Schwierigkeiten) könnte der haben? Wer aber nicht durch Ausübung der Moral den Staat regiert, was nützt dem die Moral?«

14 – *Grund zum Kummer*

Der Meister sprach: »Nicht das soll einen bekümmern, dass man kein Amt hat, sondern das muss einen bekümmern, dass man dafür tauglich werde. Nicht das soll einen bekümmern, dass man nicht bekannt ist, sondern danach muss man trachten, dass man würdig werde, bekannt zu werden.«

15 – *Die Summe der Lehre*

Der Meister sprach: »Nicht wahr, Schen, meine ganze Lehre ist in Einem befasst.« Meister Dsong sprach: »Ja.« Als der Meister hinaus war, fragten seine Schüler und sprachen: »Was bedeutet das?« Meister Dsong sprach: »Unsres Meisters Lehre ist Treue gegen sich selbst und Gütigkeit gegen andre: darin ist alles befasst.«

---

[16] Sine ira et studio: ohne Zorn und Eifer

16 – Wes das Herz voll ist

Der Meister sprach: »Der Edle ist bewandert in der Pflicht, der Gemeine ist bewandert im Gewinn.«

17 – Anziehendes und warnendes Beispiel

Der Meister sprach. »Wenn du einen Würdigen siehst, so denke darauf, ihm gleich zu werden. Wenn du einen Unwürdigen siehst, so prüfe dich selbst in deinem Innern.«

18 – Kindespflicht

I: VORHALTE

Der Meister sprach: »Den Eltern dienend darf man ihnen in zarter Weise Vorstellungen machen. Wenn man aber sieht, dass sie nicht gewillt sind, darauf zu hören, so soll man fortfahren, ehrerbietig sich zu fügen, und auch die schwersten Anstrengungen ohne Murren tragen.«

19 – Kindespflicht

II: REISEN

Der Meister sprach: »Solange die Eltern leben, soll man nicht in die Ferne ziehen. Und wenn man nach auswärts geht, so soll man einen bestimmten Wohnort wählen.«

20 – Kindespflicht

III: PIETÄT

Der Meister sprach: »Wer drei Jahre lang nicht abweicht von seines Vaters Wegen, kann kindesliebend genannt werden.«

21 – Kindespflicht

IV: ALTER DER ELTERN

Der Meister sprach: »Die Jahre der Eltern darf man nie vergessen: erstens, um sich darüber zu freuen, zweitens, um sich darüber zu sorgen.«

22 – Vom Schweigen

Der Meister sprach: »Die Alten sparten ihre Worte; denn sie schämten sich, mit ihrem Betragen hinter ihren Worten zurückzubleiben.«

23 – Segen der Beschränkung

Der Meister sprach: »Die durch Beschränkung verloren haben, sind selten.«

24 – Langsam im Reden

Der Meister sprach: »Der Edle liebt es, langsam im Wort und rasch im Tun zu sein.«

25 – Geistesgemeinschaft

Der Meister sprach: »Innerer Wert bleibt nicht verlassen; er findet sicher Nachbarschaft.«

26 – Wider die Aufdringlichkeit

Dsï Yu sprach: »Im Dienst des Fürsten bringen lästige Vorwürfe Ungnade. Zwischen Freunden führen lästige Vorwürfe zu Entfremdung.«

BUCH V

Dieses Buch enthält hauptsächlich gelegentliche Bemerkungen Konfuzius' über Leute seiner Bekanntschaft und aus der Geschichte. Es ist sehr interessant, weil es den Meister im Kreis der Seinen, ungezwungen über dies und jenes redend, zeigt, während er doch bei allem, was er sagt und tut, die höchsten Prinzipien im Hintergrund hat, von denen ein Licht auch auf scheinbar Nebensächliches und Gleichgültiges ausstrahlt. Ähnlich wie Goethe in seinen Gesprächen mit Eckermann plaudert der chinesische Weise über diesen und jenen Menschen und gewährt dabei zugleich manchen Einblick in tiefere ethische Zusammenhänge des Lebens überhaupt. *[Vorbemerkung des Übersetzers]*

1 – Verheiratungen

Der Meister sagte von Gung Ye Tschang: »Man kann ihm eine Frau zur Ehe geben; obwohl er in Banden liegt, ist es doch nicht seine Schuld.« So gab er ihm seine Tochter zur Frau. Der Meister sagte von Nan Yung: »Wenn das Land wohl geleitet ist, so wird er nicht beiseitegesetzt werden. Wenn das Land schlecht geleitet ist, so wird

er wenigstens Bestrafung und Hinrichtung zu vermeiden wissen.«
Und so gab er ihm die Tochter seines älteren Bruders zur Frau.[17]

2 – Bildender Umgang

Der Meister sagte von Dsï Dsiën: »Ein Edler in der Tat ist dieser
Mann! Wenn es in Lu keine Edlen gäbe, wie hätte dieser dieses
erreicht?«

3 – Bestrafte Eitelkeit

Dsï Gung fragte und sprach: »Und wem ist Sï gleich?« Der Meister
sprach: »Du? du bist ein Gerät.« Er sprach: »Was für ein Gerät?« Er
sprach: »Eine geschliffene Opferschale.«

4 – Güte und Redegewandtheit

Es sprach jemand: »Yung ist sittlich, aber nicht redegewandt.« Der
Meister sprach: »Wozu braucht's Redegewandtheit? Wer den Leuten
immer mit seiner Zungenfertigkeit entgegentritt, zieht sich stets nur
Abneigung von den Menschen zu. Ob er sittlich ist, weiß ich nicht,
aber wozu braucht der Redegewandtheit?«

5 – Vorsicht bei Übernahme eines Amtes

Der Meister wollte dem Tsi-Diau Kai ein Amt übertragen. Er
erwiderte und sprach: »Ich kann dies[18] hier noch nicht glauben.« Der
Meister war erfreut.

6 – Das Floß der Wahrheit

Der Meister sprach: »Die Wahrheit hat keinen Erfolg. Ich muss wohl
ein Floß besteigen und über die See fahren. Wenn mich einer dabei

---

[17] Aus den beiden Verheiratungen geht gerade in ihrer Zusammenstellung
hervor, dass Konfuzius weder auf besondere Begabung (beide Männer
spielen keine hervorragende Rolle im konfuzianischen Schülerkreis) noch
auf äußere Glücksumstände (Gung Ye Tschang war im Gefängnis, Nan
Yung in den besten Verhältnissen) entscheidenden Wert legte, sondern
allein auf einen einfachen, soliden Charakter.

[18] Nach einer in Gia Yü (Schulgespräche) überlieferten Tradition war Tsi-Diau
Kai eben mit der Lektüre des Schu Ging (Buch der Urkunden) befasst, und
seine Antwort bezog sich auf die darin enthaltenen Lehren.

begleitet, so ist es wohl Yu.« Dsï Lu hörte es und freute sich. Der Meister sprach: »Yu ist wohl mutiger als ich, aber es fehlt ihm die Überlegung, um das Material für das Floß zu beschaffen.«

7 – Verschiedene Brauchbarkeit

Der Freiherr Mong Wu fragte, ob Dsï Lu sittlich vollkommen sei. Der Meister sprach: »Ich weiß es nicht.« Noch weiter befragt, antwortete der Meister: »Man kann den Yu brauchen zur Leitung des Militärwesens selbst in einem Staate mit 1000 Kriegswagen.[19] Aber ob er sittlich vollkommen ist, das weiß ich nicht.« »Und wie steht es mit Kiu?« Der Meister sprach: »Kiu? In einem Bezirk von 1000 Familien[20] oder einem Haus mit 100 Kriegswagen kann man ihn zur Leitung der inneren Angelegenheiten brauchen. Aber ob er sittlich vollkommen ist, weiß ich nicht.« »Und wie steht es mit Tschï?« Der Meister sprach: »Tschï ist brauchbar, mit dem Gürtel gegürtet bei Hofe stehend den Verkehr mit Besuchern und Gästen zu führen. Aber ob er sittlich vollkommen ist, weiß ich nicht.«

8 – Erziehung zur Bescheidenheit

Der Meister sagte zu Dsï Gung: »Du oder Hui, wer von euch beiden ist weiter?« Er erwiderte: »Wie könnte ich wagen, auf Hui zu blicken! Hui, wenn der Eines hört, so weiß er zehn. Wenn ich Eines höre, so weiß ich zwei.« Der Meister sprach: »Du kommst ihm nicht gleich. Ich und du, wir sind ihm darin nicht gleich.«[21]

---

[19] Ein Staat mit 1000 Kriegswagen ist ein Lehnsstaat erster Ordnung (etwa Lu).

[20] Ein Bezirk von 1000 Familien entspricht einer Leistung von 100 Kriegswagen, eine größere Grafschaft innerhalb eines Lehnsstaates.

[21] Vgl. I,15; V, 3, I usw. Auch hier ist die beabsichtigte Lehre an den begabten, aber von Einbildung nicht freien Schüler klar. Durch Vergleiche mit dem ›unerreichbaren‹ Jünger Yen Hui, ›den der Meister lieb hatte‹, soll Dsï Gung zum Bewusstsein seiner eignen Unzulänglichkeit kommen. Der Jünger besitzt Selbsterkenntnis genug, dies anzuerkennen, und der Meister tröstet ihn, indem er sich ebenfalls an natürlicher Auffassungsgabe als hinter Yen Hui zurückstehend bekennt.

9 – Tadel

Dsai Yü verweilte am hellen Tage in seinem Schlafzimmer. Der Meister sprach:»Faules Holz kann man nicht schnitzen. Eine Wand aus schlechtem Lehm lässt sich nicht streichen. Dieser Yü da! Was soll man ihm überhaupt noch Vorwürfe machen!« Der Meister sprach:»Früher stand ich so zu den Menschen: Wenn ich ihre Worte hörte, so glaubte ich an ihre Taten. Jetzt stehe ich so zu den Menschen: Ich höre ihre Worte, und dann sehe ich nach ihren Taten. Durch Yü kam ich dazu, diese Änderung vorzunehmen.«

10 – Stärke und Sinnlichkeit

Der Meister sprach:»Ich habe noch keinen Menschen von wirklicher Charakterstärke gesehen.« Es erwiderte jemand:»Schen Tschang.« Der Meister sprach:»Tschang ist der Sinnlichkeit unterworfen. Wie könnte er stark sein?«

11 – Ideal und Wirklichkeit

Dsï Gung sprach:»Was ich nicht mag, dass die Leute mir zufügen, das mag ich auch ihnen nicht zufügen.« Der Meister sprach:»Mein Sï, diese Stufe hast du noch nicht erreicht.«

12 – Exoterisches und Esoterisches

Dsï Gung sprach:»Des Meisters Reden über Kultur und Kunst kann man zu hören bekommen. Aber die Worte des Meisters über Natur und Weltordnung kann man nicht (leicht) zu hören bekommen.«[22]

13 – Gründlichkeit

Wenn Dsï Lu eine Lehre vernommen, die er noch nicht auszuführen vermochte, so fürchtete er sich nur davor, noch andre Lehren zu vernehmen.

14 – Bescheidenheit beim Erwerben von Kenntnissen

Dsï Gung fragte und sprach:»Weshalb ist Kung Wen Dsï der ›Weise‹ (Wen) genannt worden?« Der Meister sprach:»Er war rasch (von

---

[22] Worüber der Meister oft sprach, das waren die praktischen Berufsfragen. Die letzten Weltanschauungsprobleme waren Konfuzius zu heilig, um viel darüber zu reden.

Begriff) und liebte zu lernen; er schämte sich nicht, Niedrige zu fragen; das ist der Grund, warum er der ›Weise‹ genannt wird.«

15 – Hervorragende Charakterseiten

Der Meister sagte von Dsï Tschan, dass er vier Eigenschaften eines Edlen gehabt habe: in seinem persönlichen Leben war er ernst, im Dienst des Fürsten war er ehrfurchtsvoll, in der Sorge für die Nahrung des Volks zeigte er Gnade, in der Verwendung des Volks Gerechtigkeit.

16 – Verkehr mit Menschen

Der Meister sprach: »Yen Ping Dschung versteht es, mit Menschen umzugehen. Auch nach jahrelangem Verkehr genießt er noch die Hochachtung der Leute.«

17 – Die Schildkröte

Der Meister sprach: »Dsang, der ›Weise‹, bewahrte eine Schildkröte in einem Hause, dessen Säulen mit geschnitzten Darstellungen von Bergen und dessen Balken mit Schilfgräsern geziert waren. Was ist denn dabei für eine Weisheit?«

18 – Die Sittlichkeit ist schwer zu erkennen

Dsï Dschang fragte und sprach: »Der Kanzler Dsï Wen wurde dreimal in das Amt des Kanzlers (von Tschu) berufen, ohne sich darüber erfreut zu zeigen. Er wurde dreimal abgesetzt, ohne sich darüber missvergnügt zu zeigen. Außerdem machte er sich zur Pflicht, seinen Nachfolger in das Amt einzuführen. Wie ist er zu beurteilen?« Der Meister sprach: »Er war gewissenhaft.« Auf die Frage, ob er als sittlicher Charakter bezeichnet werden könnte, sagte er: »Ich weiß es nicht, ob er sittlich genannt werden kann.« – (Der Schüler fuhr fort:) »Als der General Tsui seinen Herrn, den Fürsten von Tsi, ermordete, da ließ der edle Tschen Wen, obwohl er zehn Viergespanne besaß, seine Habe im Stich und wanderte aus. Er kam in ein anderes Land, da sprach er: ›Hier sind sie geradeso wie unser General Tsui‹ und wanderte aus. Er kam noch in ein Land und sprach abermals: ›Hier sind sie geradeso wie unser General Tsui‹ und wanderte aus. Wie ist er zu beurteilen?« Der Meister sprach: »Er war rein.« Auf die Frage, ob er als sittlicher Charakter bezeichnet werden könne, sagte er: »Ich weiß es nicht, ob er sittlich genannt werden kann.«

19 – Überlegungen

Von Gi, dem ›Weisen‹, hieß es, dass er alles erst dreimal überlege, ehe er sich zum Handeln entschließe. Der Meister hörte davon und sprach: »Wenn er auch nur zweimal sich die Sachen überlegt, so ist es schon gut.«

20 – Prüfstein der Weisheit

Der Meister sprach: »Der Freiherr Ning Wu war weise, solange Ordnung im Lande herrschte. Als Unordnung im Lande aufkam, benahm er sich töricht. In seiner Weisheit können andre ihn erreichen. In seiner Torheit aber ist er unerreichbar.« Es gelang ihm nämlich, durch seine scheinbare Torheit seinen Fürsten zu retten.

21 – Sorge für die Nachwelt

Der Meister sprach in Tschen: »Ich muss heim! Ich muss heim! Meine jungen Freunde zu Hause sind enthusiastisch und großartig. Sie sind bewandert in allen Künsten. Aber sie wissen noch nicht sich zu mäßigen.«

22 – Vergeben

Der Meister sprach: »Be I und Schu Tsi[23] gedachten nicht alter Fehler; darum blieben sie frei von Groll.«

---

[23] Be I und Schu Tsi sind zwei Prinzen aus dem Ende der Yin-Dynastie. Als der Vater dem Jüngeren die Nachfolge auf dem Thron zugesagt hatte, weigerte sich dieser, seinen älteren Bruder zu verdrängen. Ebenso weigerte sich der ältere Bruder, das Recht des jüngeren zu verkürzen. Schließlich zogen sie sich beide in die Verborgenheit zurück und ließen das Reich zurück. Als später König Wu, der Gründer der Dschou-Dynastie, auftrat, wandten sie sich gegen ihn, und als er Sieger blieb, verhungerten sie freiwillig auf dem Schouyang-Berg, um das Brot der neuen Dynastie nicht essen zu müssen. Obwohl sie demnach auf der gegnerischen Seite der von Konfuzius so hoch verehrten Dschou-Dynastie stehen, ist Konfuzius über sie stets des Lobes voll.

23 – Der entlehnte Essig

Der Meister sprach: »Wer will behaupten, dass We-Schong Gau[24] ehrlich sei? Als einst jemand ihn um Essig bat, da entlehnte er selber erst bei seinem Nachbar, um ihn hergeben zu können.«

24 – Ohne Falsch sein

Der Meister sprach: »Glatte Worte, einschmeichelnde Mienen, übertriebene Höflichkeit – solcher Dinge schämte sich Dso Kiu Ming, ich schäme mich ihrer auch. Seinen Ärger verhehlen und mit seinem Feinde freundlich tun – dessen schämte sich Dso Kiu Ming, ich schäme mich dessen auch.«

25 – Herzenswünsche

Yen Yüan (Yen Hui) und Gi Lu (Dsï Lu) standen zu des Meisters Seite, da sprach er. »Nun sage mir einmal jeder seine Herzenswünsche.« – Dsï Lu begann: »Ich möchte Pferd und Wagen und leichtes, kostbares Pelzwerk zum Anziehen. Ich wollte es mit meinen Freunden gemeinsam benützen, und wenn sie es mir verdürben, so wollte ich nicht böse werden.« Yen Yüan sprach: »Ich möchte mich nicht meines Guten rühmen und möchte nicht andere für mich bemühen.« – Darauf sprach Dsï Lu: »Nun möchten wir auch gern des Meisters Wünsche hören.« Der Meister sprach: »Den Alten möchte ich Frieden geben, mit Freunden möchte ich in Treuen verkehren, die Kleinen möchte ich herzen.«

26 – Selbstanklage ist selten

Der Meister sprach: »Es ist alles aus! Ich habe noch keinen gesehen, der seine eignen Fehler sehen und innerlich sich selbst verklagen könnte.«

27 – Bescheidenheit des Meisters

Der Meister sprach: »In einem Dorf von zehn Familien gibt es sicher Leute, die an Gewissenhaftigkeit und Wahrhaftigkeit mir gleich sind; warum sollten sie nicht auch in der Liebe zum Lernen mir gleich sein?«

---

[24] Es ist hier wohl ein Scherzwort überliefert. Der Jemand, der den Essig entlehnte, war wohl Konfuzius selbst, und der Vorwurf der Unehrlichkeit ist natürlich lange nicht so ernst gemeint, wie humorlose Kommentatoren im Detail ausführen.

BUCH VI

Der Inhalt dieses Buches ist dem des fünften verwandt. Es zeigt ebenfalls den Meister hauptsächlich im Verkehr mit seinen Jüngern. Es ist daher ebenso wie das letzte wertvoll, um das Milieu kennenzulernen, in dem sich der chinesische Weise bewegt hat, sowie die Schwierigkeiten, mit denen er im Kreis seiner Schule zu kämpfen hatte, und die Erfolge, die er erzielt hat. Der Schluss erhebt sich dann wieder zu weiteren, prinzipiellen Ausblicken. *[Vorbemerkung des Übersetzers]*

1 – Fürstentugend

Der Meister sprach: »Yung, den kann man brauchen, um mit südlich gewandtem Gesicht (einen Staat zu beherrschen).« Dschung Gung fragte in Betreff von Dsï Sang Be Dsï. Der Meister sprach: »Er geht; er ist großartig.« Dschung Gung sprach: »In seiner Gesinnung sorgfältig sein und in seiner Handlungsweise großartig beim Verkehr mit seinem Volk, das mag wohl gehen. Aber in seiner Gesinnung großartig sein und in seiner Handlungsweise großartig sein: ist das nicht zuviel Großartigkeit?« Der Meister sprach: »Yungs Worte sind richtig.«

2 – Zeichen des Bildungsstrebens

Der Fürst Ai fragte, wer unter den Jüngern das Lernen liebe. Meister Konfuzius entgegnete und sprach. »Da war Yen Hui: er liebte das Lernen. Er übertrug nie seinen Ärger, er machte keinen Fehler zum zweiten Mal. Zum Unglück war seine Zeit kurz und er ist gestorben. Nun habe ich keinen mehr (wie ihn). Ich habe von keinem mehr gehört, der so das Lernen liebte.«

3 – Besoldungsfragen

Dsï Hua hatte einen Auftrag in Tsi zu besorgen. Meister Jan bat für dessen Mutter um Getreide. Der Meister sprach: »Gib ihr ein Fu.« Er bat um mehr. Da sprach er: »Gib ihr ein Yü.« Meister Jan gab ihr fünf Bing. Der Meister sprach: »Als Tschï nach Tsi aufbrach, hatte er ein Gespann von fetten Pferden und war gekleidet in leichtes Pelzwerk. Ich habe gehört: der Edle hilft dem Bedürftigen, aber fügt nicht dem Reichen noch mehr zu.« Yüan Sï ward angestellt als

Stadthauptmann. (Der Meister) gab ihm 900 Maß Getreide. Er lehnte ab. Der Meister sprach: »Nicht also! Du magst sie ja verwenden, um sie in deiner Nachbarschaft und Umgebung zu verteilen.«

4 – Individueller Wert

Der Meister redete von Dschung Gung und sprach: »Wenn das Junge einer fleckigen Kuh rot und wohlgehörnt ist, ob einer auch es nicht zu brauchen wünscht, sollten es darum die Berge und Flüsse verschmähen?«

5 – Nur der Anfang ist schwer

Der Meister sprach: »Mein Hui, wessen Herz drei Monate lang nicht von der Sittlichkeit abweicht, der wird dann in (seinem) übrigen (Leben) (alle) Monate und Tage sie zu erreichen vermögen.«

6 – Brauchbarkeit im Staatsdienst

Der Freiherr Gi Kang fragte in Beziehung auf Dschung Yu, ob man ihn im Staatsdienst brauchen könne. Der Meister sprach: »Yu ist entschieden. Im Staatsdienst tätig zu sein: was (für Schwierigkeiten) könnte das für ihn haben?« Er sprach: »Und Sï, kann man den im Staatsdienst brauchen?« Er antwortete. »Sï ist durchdringend. Im Staatsdienst tätig zu sein: was (für Schwierigkeiten) könnte das für ihn haben?« Er sprach: »Kiu, kann man den im Staatsdienst brauchen?« Er antwortete: »Kiu ist geschickt. Im Staatsdienst tätig zu sein: was (für Schwierigkeiten) könnte das für ihn haben?«

7 – Zurückhaltung

Der Älteste der Familie Gi wollte Min Dsï Kiën[25] als Stadthauptmann von Bi (Fe) anstellen. Min Dsï Kiën erwiderte (dem Boten): »Lehne es auf höfliche Weise für mich ab. Wenn nochmals einer kommen sollte, um mich zu bitten, so werde ich bis dahin sicher über den Wen-Fluss sein.«

---

[25] Der Jünger Min Dsï Kiën spielt in den Lun Yü an verschiedenen Stellen eine sehr bedeutende Rolle, während sonst nicht viel von ihm bekannt ist. Yüs Zurückhaltung erklärt sich daraus, dass er mit der Usurpatorenfamilie Gi nichts zu tun haben wollte. Daher diese überaus bestimmte Absage mit der Drohung, falls man ihn nicht in Ruhe lasse, außer Landes nach Tsi (der Wen-Fluss ist nördlich von Lu im Staate Tsi) zu gehen, um dem Einfluss der Familie Gi sich zu entziehen.

8 – Hartes Los

Be Niu war krank. Der Meister fragte nach ihm und ergriff durch das Fenster seine Hand und sprach: »Er geht uns verloren. Es ist Fügung. Solch ein Mann und hat solch eine Krankheit! Solch ein Mann und hat solch eine Krankheit!«

9 – Fröhlichkeit in Armut

Der Meister sprach. »Hui war doch wirklich ein guter Mensch! Eine Holzschüssel voll Reis, eine Kürbisschale voll Wasser, in einer elenden Gasse. Andre Menschen hätten es in einer so trostlosen Lage gar nicht ausgehalten. Aber Hui ließ sich seine Fröhlichkeit nicht rauben. Hui war doch wirklich ein guter Mensch!«

10 – Vorzeitiger Verzicht

Jan Kiu sprach: »Nicht, dass ich des Meisters Lehre nicht liebte, aber meine Kraft reicht nicht aus dafür.« Der Meister sprach: »Wem seine Kraft nicht ausreicht, der bleibt auf halbem Wege liegen, aber du beschränkst dich ja von vornherein selber.«

11 – Zweck der Wissenschaft

Der Meister sagte zu Dsï Hia und sprach: »Sei du als Edler ein Gelehrter und nicht als Gemeiner ein Gelehrter.«

12 – Wie ein Beamter seine Leute kennenlernt

Dsï Yu war Stadthauptmann in Wu Tschong. Der Meister sprach: »Hast du Menschen gefunden –?« Er sprach: »Da ist Tan-Tai Mië-Ming; der wandelt nie auf Nebenwegen, und wenn es sich nicht um öffentliche Angelegenheiten handelt, ist er noch nie in mein Amtshaus gekommen.«

13 – Stolze Bescheidenheit

Der Meister sprach: »Mong Dschï Fan war fern von Prahlerei. Als er (nach einer verlornen Schlacht) auf der Flucht zuhinterst war und im Begriff war, ins Stadttor einzureiten, da trieb er sein Pferd an und sprach: ›Es ist nicht mein Mut, dass ich zuhinterst bin; mein Pferd läuft nicht.‹«

14 – Was einen Fürsten retten kann

Der Meister sprach: »Wer nicht die Redegabe des Priesters To hat und hat die Schönheit Dschaus von Sung, der wird schwerlich der Welt von heute entgehen.«

15 – Das Tor des Lebens

Der Meister sprach: »Wer kann hinausgehen, es sei denn durch die Tür; warum doch wandeln die Menschen nicht auf diesem Pfade?«

16 – Das Gleichgewicht zwischen Gehalt und Form

Der Meister sprach: »Bei wem der Gehalt die Form überwiegt, der ist ungeschlacht, bei wem die Form den Gehalt überwiegt, der ist ein Schreiber. Bei wem Form und Gehalt im Gleichgewicht sind, der erst ist ein Edler.«

17 – Aufrichtigkeit als Lebensprinzip

Der Meister sprach: »Der Mensch lebt durch Geradheit. Ohne sie lebt er von glücklichen Zufällen und Ausweichen.«

18 – Stufen der intellektuellen Bildung

Der Meister sprach: »Der Wissende ist noch nicht so weit wie der Forschende, der Forschende ist noch nicht so weit wie der heiter (Erkennende).«

19 – Esoterik der Wissenschaft

Der Meister sprach: »Wer über dem Durchschnitt steht, dem kann man die höchsten Dinge sagen. Wer unter dem Durchschnitt steht, dem kann man nicht die höchsten Dinge sagen.«

20 – Weisheit und Sittlichkeit I

Fan Tschi fragte, was Weisheit sei. Der Meister sprach. »Seiner Pflicht gegen die Menschen sich weihen, Dämonen und Götter ehren und ihnen fernbleiben, das mag man Weisheit nennen.«

Er fragte, was Sittlichkeit sei. Er sprach: »Der Sittliche setzt die Schwierigkeit voran und den Lohn hintan. Das mag man Sittlichkeit nennen.«

21 – Weisheit und Sittlichkeit II

Der Meister sprach. »Der Wissende freut sich am Wasser, der Fromme (›Sittliche‹) freut sich am Gebirge. Der Wissende ist bewegt, der Fromme ist ruhig; der Wissende hat viele Freuden, der Fromme hat langes Leben.«

22 – Stufen des Verfalls

Der Meister sprach: »Wenn Tsi reformiert würde, so könnte es so weit kommen wie Lu. Wenn Lu reformiert würde, so könnte es auf den rechten Weg kommen.«

23 – Falsche Benennungen

Der Meister sprach. »Eine Eckenschale ohne Ecken: was ist das für eine Eckenschale, was ist das für eine Eckenschale!«

24 – Dumme Gutmütigkeit

Dsai Wo fragte und sprach: »Wenn ein sittlich-guter Mensch auch nur sagen hörte, es sei ein sittlicher Mensch im Brunnen, so würde er wohl sofort nachspringen.« Der Meister sprach: »Wozu denn das? Ein Edler würde hingehen, aber nicht hineinspringen. Man kann ihn belügen, aber nicht zum Narren haben.«

25 – Selbsterziehung

Der Meister sprach: »Ein Edler, der eine umfassende Kenntnis der Literatur besitzt und sich nach den Regeln der Moral richtet, mag es wohl erreichen, Fehltritte zu vermeiden.«

26 – Verkehr mit einer verrufenen Fürstin

Der Meister besuchte die Nan Dsï. Dsï Lu war missvergnügt. Der Meister verschwor sich und sprach: »Habe ich unrecht gehandelt, so möge der Himmel mich hassen, so möge der Himmel mich hassen.«

27 – Maß und Mitte

Der Meister sprach: »Maß und Mitte sind der Höhepunkt menschlicher Naturanlage. Aber unter dem Volk sind sie seit Langem selten.«

28 – Das Wesen der Sittlichkeit

Dsï Gung sprach: »Wenn einer dem Volke reiche Gnade spendete und es vermöchte, die gesamte Menschheit zu erlösen, was wäre ein solcher? Könnte man ihn sittlich nennen?« Der Meister sprach: Nicht nur sittlich, sondern göttlich wäre der zu nennen. Selbst Yau und Schun waren sich mit Schmerzen (der Schwierigkeit davon) bewusst. Was den Sittlichen anlangt, so festigt er andere, da er selbst wünscht, gefestigt zu sein, und klärt andre auf, da er selbst wünscht, aufgeklärt zu sein. Das Nahe als Beispiel nehmen können (nach sich selbst die anderen zu beurteilen verstehn), das kann als Mittel zur Sittlichkeit bezeichnet werden.«

BUCH VII

Während die letzten zwei Bücher sich mit Aussprüchen Konfuzius' über Schüler und Zeitgenossen beschäftigten, gibt das 7. Buch hauptsächlich Äußerungen über den Meister, teils von ihm selbst, teils von andern. Dieses biographische Moment ist der Grund, warum es bei der Redaktion hinter die beiden vorangehenden gestellt wurde. *[Vorbemerkung des Übersetzers]*

1 – Resignation

Der Meister sprach: »Beschreiben und nicht machen, treu sein und das Altertum lieben: darin wage ich mich mit unserem alten Pong zu vergleichen.«[26]

2 – Der Geist der Wissenschaft

Der Meister sprach: »Schweigen und so erkennen, forschen und nicht überdrüssig werden, die Menschen belehren und nicht ermüden: was kann ich dazu tun?«

3 – Betrübnis über die Unvollkommenheit des Menschen

Der Meister sprach: »Dass Anlagen nicht gepflegt werden, dass Gelerntes nicht besprochen wird, dass man seine Pflicht kennt und nicht davon angezogen wird, dass man Ungutes an sich hat und nicht imstande ist, es zu bessern: das sind Dinge, die mir Schmerz machen.«

---

[26] Wer der ›alte Pong‹ eigentlich ist, lässt sich nicht feststellen. Die einen sehen darin Lau Dsï andere Pong Dsu, der 700 bis 800 Jahre alt geworden sein soll: ein chinesischet Methusaläh; wieder andre einen nicht näher bekannten Mann aus der Zeit der Yin-Dynastie.

4 – Der Meister im Privatleben

Wenn der Meister unbeschäftigt war, so war er heiter und leutselig.

5 – Der Traum

Der Meister sprach: »Es geht abwärts mit mir, seit langer Zeit habe ich nicht mehr im Traum den Fürsten Dschou gesehen!«[27]

6 – Vierfacher Weg der Bildung

Der Meister sprach: »Sich das Ziel setzen im Pfad, sich klammern an die guten Naturanlagen, sich stützen auf die Sittlichkeit, sich vertraut machen mit der Kunst.«

7 – Pädagogische Grundsätze
I: BEZAHLUNG

Der Meister sprach: »Von denen an, die ein Päckchen Dörrfleisch anbrachten, habe ich noch nie einen von meiner Belehrung ausgeschlossen.«

8 – Pädagogische Grundsätze
II: SELBSTTÄTIGKEIT DES SCHÜLERS

Der Meister sprach. »Wer nicht strebend sich bemüht, dem helfe ich nicht voran, wer nicht nach dem Ausdruck ringt, dem eröffne ich ihn nicht. Wenn ich eine Ecke zeige, und er kann es nicht auf die andern drei übertragen, so wiederhole ich nicht.«

---

[27] Der Fürst Dschou, der Sohn des Königs Wen und Bruder des Königs Wu, gehört zu den Begründern der Dschou-Dynastie. Er wurde von seinem Bruder als Lehnsfürst des Staates Lu eingesetzt, daher die besondere Stellung, die der an sich kleine Staat auch später bewahrt hat. Er war für Konfuzius das hochverehrte Vorbild, das ihm im Wachen und im Traum immer vor Augen stand. Vielleicht war gerade der Umstand, dass der Fürst Dschou, ohne selbst auf dem Thron zu sitzen, so großen Einfluss ausüben konnte, ein Grund mehr für Konfuzius, sich ihm verwandt zu fühlen. Im Alter, als er seine Hoffnungen allmählich zerrinnen sah, als er so resignierte Worte sprach wie das in Lun Yü VII, 1, da hörten auch die Träume vom Fürsten Dschou auf, daher hier diese Klage.

9 – Weine mit den Weinenden

Der Meister, wenn er an der Seite eines Mannes in Trauer aß, aß sich nicht satt. Wenn der Meister an einem Tage geweint hatte, so sang er an demselben Tage nicht.

10 – Gelassenheit

Der Meister sagte zu Yen Hui und sprach: »Wenn gebraucht, zu wirken, wenn entlassen, sich zu verbergen: nur ich und du verstehen das.«

Dsï Lu sprach. »Wenn der Meister drei Heere zu führen hätte, wen würde er dann mit sich nehmen?«

Der Meister sprach: »Wenn einer mit der bloßen Faust einem Tiger zu Leibe rückt, über den Fluss setzt ohne Boot und den Tod sucht ohne Besinnung: einen solchen würde ich nicht mit mir nehmen, sondern es müsste einer sein, der, wenn er eine Sache unternimmt, besorgt ist, der gerne überlegt und etwas zustande bringt.«

11 – Die Jagd nach dem Glück

Der Meister sprach: »Wenn der Reichtum (vernünftigerweise) erjagt werden könnte, so würde ich es auch tun, und sollte ich mit der Peitsche in der Hand dienen; da man ihn aber nicht erjagen kann, so folge ich meinen Neigungen.«

12 – Vorsicht

Die Umstände, bei denen der Meister besondere Vorsicht übte, waren Fasten, Krieg und Krankheit.

13 – Die Macht der Musik

Als der Meister in Tsi sich mit der Schaumusik[28] beschäftigte, da vergaß er drei Monate lang den Geschmack des Fleisches. Er sprach.

---

[28] Die ›Schaumusik‹ war die zu Konfuzius' Zeit in dem Staate Tsi noch bekannte alte chinesische Musik. Sie wird dem Kaiser Schun zugeschrieben. Der tiefe Eindruck, den Konfuzius von ihr erhielt, zeigt uns deutlich, dass die Musik im chinesischen Altertum etwas ganz anderes war als im heutigen China, wo sie eine recht untergeordnete Rolle spielt. Die – heute vollständig verlorengegangene – alte chinesische Musik gab eine Vermittlung des geistigen Wesens ihres Urhebers. So bringt die Schaumusik das Wesen des alten Herrschers Schun dem Konfuzius vor die Seele in unmittelbarem Verständnis. Der Abschnitt ist daher mit dem Träumen von dem Fürsten von Dschou verwandt.

»Ich hätte nicht gedacht, dass die Musik eine solche Höhe erreichen könne.«

14 – Indirekte Frage[29]

Jan Yu sprach: »Ob der Meister für den Fürsten von We ist?« Dsï Gung sprach: »Gut, ich werde ihn fragen.« Darauf ging er hinein und sprach: »Was waren Be J und Schu Tsi für Menschen?« (Der Meister) sprach: »Es waren Würdige des Altertums.« (Der Schüler) fragte weiter: » (Waren sie mit ihrem Lose) unzufrieden?« (Der Meister) sprach: »Sie erstrebten Sittlichkeit und erlangten sie. Was (hätten sie) unzufrieden (sein sollen)?« Der Schüler ging hinaus und sprach: »Der Meister ist nicht für ihn.«

15 – Das Glück eine ziehende Wolke

Der Meister sprach: »Gewöhnliche Speise zur Nahrung, Wasser als Trank und den gebogenen Arm als Kissen: auch dabei kann man fröhlich sein; aber ungerechter Reichtum und Ehren dazu sind für mich nur flüchtige Wolken.«

16 – Das Buch des Wandels

Der Meister sprach: »Wenn mir noch einige Jahre vergönnt wären, dass ich das Buch des Wandels[30] fertig studieren könnte, so möchte ich wohl wenigstens grobe Verfehlungen zu vermeiden imstande sein.«

---

[29] Indirekte Frage: Der Grund für diese indirekte Art zu fragen liegt in dem Umstand, dass gerade zu jener Zeit der Meister im Gebiet von We war. Eine direkte Kritik der Thronverhältnisse hätte daher den Gesetzen des Dekorums widersprochen. Daher musste Dsï Gung eine Methode anwenden, die es dem Meister möglich machte, an der Hand eines historischen Vorfalls sein Urteil abzugeben. Was Be J und Schu Tsi angeht, so war ihr Verhalten gerade das Gegenteil von dem des Fürsten von We, und indem Konfuzius es nicht nur billigte, sondern sogar bewunderte, sprach er sein Urteil über den Fürsten.

[30] Das ›Buch des Wandels‹ I Ging ist wohl dasjenige chinesische Buch, das die ältesten Bestandteile enthält. Es ist eigentlich ein Buch der Wahrsagung. Die der Wahrsagung zugrunde liegenden Prinzipien beziehen sich auf die Einrichtung der Natur, den Zusammenhang und die Entwicklung der Angelegenheiten des Menschenlebens und das Verhältnis von Menschen und Welt. Es ist überaus schwer verständlich, und die Chinesen finden jede Wahrheit hineingeheimnisst. Konfuzius esoterische Lehren beruhen hauptsächlich auf seinen Prinzipien. Er hat es in seinem Alter so oft gelesen, dass der Einband dreimal erneuert werden musste.

17 – Themen der Lehre

Was der Meister mit besonderer Sorgfalt besprach, waren die Lieder, die Geschichte, das Halten der Riten. Das alles besprach er mit Sorgfalt.

18 – Wer ist Konfuzius?

Der Fürst von Schê fragte den Dsï Lu über Kung Dsï *[Konfuzius]*. Dsï Lu gab ihm keine Antwort. Der Meister sagte (nachher): »Warum hast du nicht einfach gesagt: Er ist ein Mensch, der in seinem Eifer (um die Wahrheit) das Essen vergisst und in seiner Freude (am Erkennen) alle Trauer vergisst und nicht merkt, wie das Alter herankommt.«

19 – Die Quelle von des Meisters Wissen

Der Meister sprach: »Ich bin nicht geboren mit der Kenntnis (der Wahrheit); ich liebe das Altertum und bin ernst im Streben (nach ihr).«

20 – Schweigendes Vorübergehen

Der Meister sprach niemals über Zauberkräfte und widernatürliche Dämonen.

21 – Überall Lehrer zu finden

Der Meister sprach: »Wenn ich selbdritt gehe, so habe ich sicher einen Lehrer. Ich suche ihr Gutes heraus und folge ihm, ihr Nichtgutes und verbessere es.« *[Anm.: aus dem Original so übertragen]*

22 – Gottvertrauen

Der Meister sprach: »Gott hat den Geist in mir gezeugt, was kann Huan Tui mir tun?«

23 – Offenheit

Der Meister sprach: »Meine Kinder, ihr denkt, ich habe Geheimnisse? Ich habe keine Geheimnisse vor euch. Mein ganzer Wandel liegt offen für euch, meine Kinder. So ist es meine Art.«

24 – Unterricht in den Elementen

Der Meister lehrte vier Gegenstände: die Kunst, den Wandel, die Gewissenhaftigkeit, die Treue.

25 – Auf der Suche nach Menschen

Der Meister sprach: »Einen Gottmenschen zu sehen, ist mir nicht vergönnt; wenn es mir vergönnt wäre, einen Edlen zu sehen, dann wäre es schon gut. Einen guten Menschen zu sehen, ist mir nicht vergönnt; wenn es mir vergönnt wäre, einen Beharrlichen zu sehen, wäre es schon gut. Aber nicht haben und tun, als habe man, leer sein und tun, als sei man voll, in Verlegenheit sein und tun, als lebe man herrlich und in Freuden: auf diese Weise ist es schwer, beharrlich zu sein.«

26 – Fischfang und Jagd

Der Meister fing Fische mit der Angel, aber nie mit dem Netz; er schoss Vögel, aber nie, wenn sie im Neste saßen.

27 – Erst wägen, dann wagen

Der Meister sprach: »Es mag auch Menschen geben, die, ohne das Wissen zu besitzen, sich betätigen. Ich bin nicht von der Art. Vieles hören, das Gute davon auswählen und ihm folgen, Vieles sehen und es sich merken: das ist wenigstens die zweite Stufe der Weisheit.«

28 – Weitherzigkeit

Die Leute von Hu Hiang waren schwierig im Gespräch. Ein Knabe (aus jener Gegend) suchte den Meister auf. Die Jünger hatten Bedenken. Der Meister sprach: »Lasst ihn kommen, heißt ihn nicht gehen! Warum wollt ihr so genau sein? Wenn ein Mensch sich selbst reinigt, um zu mir zu kommen, so billige ich seine Reinigung, ohne ihm seine früheren Taten vorzurücken.«

29 – Die Macht des Willens zur Sittlichkeit

Der Meister sprach: »Ist denn die Sittlichkeit gar so fern? Sobald ich die Sittlichkeit wünsche, so ist diese Sittlichkeit da.«

30 – Versuchung

Der Justizminister des Staates Tschen fragte, ob der Fürst Dschau (von Lu) ein Mann sei, der die Regeln des Anstandes kenne. Meister

Konfuzius sprach: »Ja, er kennt die Regeln des Anstandes.« Als Meister Konfuzius sich zurückgezogen hatte, machte der Minister eine Verbeugung vor dem Jünger Wu Ma Ki, dass er herankomme, und sprach: »Ich habe doch immer gehört, der Edle sei kein Schranz; aber es scheint, zuweilen ist der Edle doch auch ein Schranz. Euer Fürst hat eine Prinzessin aus dem Staate Wu geheiratet, die mit ihm denselben Familiennamen[31] trug, sodass er selbst für nötig fand, sie einfach die Fürstin von Wu (unter Weglassung des Familiennamens Gi) zu nennen. Wenn dieser Fürst Anstand hat, dann weiß ich nicht, wer keinen hat.« – Der Jünger Wu Ma Ki hinterbrachte die Sache dem Meister. Der Meister sprach: »Fürwahr, glücklich bin ich zu nennen: wenn ich Fehler mache, so bemerken die Menschen sie sicher.«

31 – Gesang und Begleitung

Wenn der Meister mit einem Mann zusammen war, der sang und es gut machte, so ließ er ihn sicher wiederholen und sang das zweite Mal selber mit.

32 – Theorie und Praxis

Der Meister sprach: »Was die literarische Ausbildung anlangt, kann ich es durch Anstrengung wohl andern gleichtun. Aber (die Stufe)

---

[31] … denselben Familiennamen: Die regierende Familie von Wu war ebenso wie die von Lu direkt mit dem königlichen Hause der Dschou-Dynastie verwandt (vgl. VIII, 1 Anmerkung 1); beide hatten den Familiennamen Gi. Während man sonst bei der Ankunft der Braut den Familiennamen außer dem Namen des Staates, von dem sie kam, zu nennen pflegte in der öffentlichen Bekanntgabe an das Volk, hatte es der Fürst Dschau in diesem Fall für besser gehalten, den Familiennamen der Braut ganz zu unterdrücken und sie einfach als Prinzessin zu bezeichnen, da es in China bis auf den heutigen Tag als grober Verstoß gegen den Anstand gilt, wenn man eine Frau desselben Familiennamens heiratet. Dieses Vertuschungssystem des Fürsten hatte in den Nachbarstaaten wohl noch mehr Hohn herausgefordert. Daher der mephistophelische Spott, mit dem der Minister den Konfuzius vor seinem eignen Jünger zu treffen sucht. Konfuzius hatte die irreführende Antwort zunächst gegeben, um sich seines Fürstenhauses anzunehmen und keinen Vorwurf auf den Fürsten Dschau kommen zu lassen. Schön ist der Zug, wie Konfuzius den Vorwurf ohne Gegenwehr auf sich sitzen lässt; damit deckt er den Fürsten vor Verunglimpfung.

eines Edlen, der in seiner Person (seine Überzeugungen) in Handeln umsetzt, habe ich noch nicht erreicht.«

33 – Genialität und Fleiß

Der Meister sprach: »Was Genialität und Sittlichkeit anlangt: wie könnte ich wagen (darauf Anspruch zu machen); nur, dass ich ohne Überdruss danach strebe und andre lehre, ohne müde zu werden: das mag wohl vielleicht gesagt werden.« Gung Si Hua sprach: »Ganz recht; das eben können wir Jünger nicht lernen.«

34 – Über das Gebet

Der Meister war schwer krank. Dsï Lu bat, für ihn beten lassen zu dürfen. Der Meister sprach: »Gibt es so etwas?« Dsï Lu erwiderte und sprach: »Ja, es gibt das. In den Lobgesängen heißt es: ›Wir beten zu euch, ihr Götter oben und ihr Erdgeister unten.‹« Der Meister sprach: »Ich habe lange schon gebetet.«[32]

35 – Das kleinere Übel

Der Meister sprach: »Verschwendung führt zu Unbotmäßigkeit. Sparsamkeit führt zu Ärmlichkeit. Aber immer noch besser als Unbotmäßigkeit ist die Ärmlichkeit.«

36 – Der Edle und der Gemeine: Seelenruhe und Sorgen

Der Meister sprach: »Der Edle ist ruhig und gelassen, der Gemeine ist immer in Sorgen und Aufregung.«

37 – Des Meisters Charakter

Der Meister war in seinem Wesen mild und doch würdevoll. Er war Ehrfurcht gebietend und doch nicht heftig. Er war ehrerbietig und doch selbstbewusst.

---

[32] Das Ausspruch des Konfuzius ist nicht ganz eindeutig. Wohl ist es so zu verstehen, dass Konfuzius das Wortgeplapper der Gebetslitaneien ablehnt.

BUCH VIII

Das Buch VIII enthält 21 Abschnitte, von denen sich der erste und die vier letzten mit großen Männern der Vorzeit beschäftigen. Die Abschnitte 3 bis 7 enthalten Äußerungen und Anekdoten aus dem Leben des Jüngers Dsong Schen, der hier auch wieder das Ehrenprädikat »Dsï« (Meister) erhält, was auf die Herkunft dieses Traditionsstoffes aus seiner Schule schließen lässt. Die übrigen elf Abschnitte enthalten Aussprüche Konfuzius' über Themen der Charakterbildung, Staatsregierung und des Studiums. *[Vorbemerkung des Übersetzers]*

1 – Verborgene Verdienste

Der Meister sprach: »Tai Be: von ihm kann man sagen, dass er die höchste Tugend erreicht hat. Dreimal verzichtete er auf das Reich, und das Volk kam nicht dazu, ihn darum zu loben.«

2 – Unvollkommenheit guter Gesinnung ohne Takt

Der Meister sprach: »Ehrerbietung ohne Form wird Kriecherei, Vorsicht ohne Form wird Furchtsamkeit, Mut ohne Form wird Auflehnung, Aufrichtigkeit ohne Form wird Grobheit.

Wenn der Fürst seine Verwandten hochhält, so wird das Volk sich entwickeln zur Sittlichkeit; wenn er seine alten Freunde nicht vernachlässigt, so wird das Volk nicht niedriggesinnt.«

3 – Vorsicht im Leibesleben

Meister Dsong war krank. Da rief er seine Schüler zu sich und sprach: »Deckt meine Füße auf, deckt meine Hände auf (und sehet, dass sie unverletzt sind). Im Liede heißt es: ›Wandelt mit Furcht und Zittern, als stündet ihr vor einem riefen Abgrund, als trätet ihr auf dünnes Eis.‹ Nun und immerdar ist es mir gelungen, meinen Leib unversehrt zu halten[33], o meine Kinder.«

---

[33] Der Leib, der von den Eltern unversehrt überkommen ist, soll gewissenhaft geschont werden, damit er keinen Schaden nimmt. Das ist auch eine Forderung der Pietät. Der zugrunde liegende Gedanke ist das Verantwortlichkeitsgefühl dem Leib als einem anvertrauten Gut gegenüber.

4 – Das Schwanenlied

Meister Dsong war krank. Da kam der Freiherr Mong Ging und fragte (nach seinem Befinden). Meister Dsong redete und sprach also: »Wenn der Vogel am Sterben ist, so ist sein Gesang klagend; wenn der Mensch am Sterben ist, so sind seine Reden gut. Drei Grundsätze sind, die ein Fürst hochhalten muss: In seinem Benehmen und allen Bewegungen halte er sich fern von Rohheit und Nachlässigkeit, er ordne seinen Gesichtsausdruck, dass er Vertrauen einflößt, er bemüht sich, bei allen seinen Reden sich fernzuhalten von Gemeinheit und Unschicklichkeit. Was dagegen die Opfergefäße (und derartige spezielle Fachkenntnisse) anlangt, so gibt es dafür berufene Beamte.«

5 – Demut

Meister Dsong sprach: »Begabt sein und doch noch von Unbegabten lernen; viel haben und doch noch von solchen lernen, die wenig haben; haben als hätte man nicht, voll sein als wäre man leer; beleidigt werden und nicht streiten: einst hatte ich einen Freund, der in allen Dingen so handelte.«

6 – Treue eines fürstlichen Vormunds

Meister Dsong sprach: »Wem man einen jungen verwaisten (Fürsten) anvertrauen kann, und wem der Befehl über einen Großstaat übergeben werden kann, und wer auch gegenüber von großen Dingen sich nichts rauben lässt: ist das ein edler Mensch? Das ist ein edler Mensch!«

7 – Die schwere Last und der weite Weg

Meister Dsong sprach: »Ein Lernender kann nicht sein ohne großes Herz und starken Willen; denn seine Last ist schwer, sein Weg ist weit. Die Sittlichkeit, die ist seine Last: ist sie nicht schwer? Im Tode erst ist er am Ziel: ist das nicht weit?«

8 – Poesie, Formen, Musik

Der Meister sprach: »Wecken durch die Lieder, festigen durch die Formen, vollenden durch die Musik.«

9 – Über das Volk

Der Meister sprach: »Das Volk kann man dazu bringen, (dem Rechten) zu folgen, aber man kann es nicht dazu bringen, es zu verstehen.«

10 – Gründe des Umsturzes

Der Meister sprach: »Wenn einer Mut liebt und die Armut hasst, so macht er Aufruhr; wenn ein Mensch nicht sittlich ist und man hasst ihn zu sehr, so macht er Aufruhr.«

11 – Talente ohne moralischen Wert

Der Meister sprach: »Wenn einer die Schönheit der Talente des Fürsten Dschou hat, aber bei ihrer Anwendung hochfahrend und knickerig ist, so ist das übrige keines Blickes wert.«

12 – Häufigkeit des Brotstudiums

Der Meister sprach: »Drei Jahre lernen, ohne nach Brot zu gehen, das ist nicht leicht zu erreichen.«

13 – Charakterbildung und ihr Verhältnis zur Welt

Der Meister sprach: »1. Aufrichtig und wahrhaft, bis zum Tode treu dem rechten Weg: 2. ein gefährdetes Land nicht betreten, in einem aufständischen Land nicht bleiben: wenn auf Erden Ordnung herrscht, dann sichtbar werden, wenn Unordnung herrscht, verborgen sein. 3. Wenn in einem Lande Ordnung herrscht, so ist Armut und Niedrigkeit eine Schande; wenn in einem Lande Unordnung herrscht, dann ist Reichtum und Ansehen eine Schande.«

14 – Gegen Kamarillawirtschaft[34]

Der Meister sprach: »Wer nicht das Amt dazu hat, der kümmere sich nicht um die Regierung.«

---

[34] (von span. ›camarilla‹ = ›Kämmerchen‹), meint inoffizielles, privates Nebenkabinett, Schattenkabinett, ›Küchenkabinett‹

15 – Der Kapellmeister Dschï und das Guan Dsü Lied

Der Meister sprach: »Als der Kapellmeister Dschï sein Amt antrat, da kamen die vollen Vers-Schlüsse des Guan Dsü Liedes zu mächtiger Wirkung. Wie füllten sie das Ohr!«

16 – Schatten ohne Licht

Der Meister sprach: »Zugreifend und doch nicht gradeaus, unwissend und doch nicht aufmerksam, einfältig und doch nicht gläubig: mit solchen Menschen weiß ich nichts anzufangen.«

17 – Das Geheimnis des Lernens

Der Meister sprach: »Lerne, als hättest du's nicht erreicht, und dennoch fürchtend, es zu verlieren.«

18 – Die heiligen Herrscher des Altertums

I: SCHUN UND YÜ

Der Meister sprach: »Erhaben war die Art, wie Schun und Yü den Erdkreis beherrschten, ohne dass sie etwas dazu taten.«

19 – Die heiligen Herrscher des Altertums

II: YAU

Der Meister sprach: »Groß wahrlich ist die Art, wie Yau Herrscher war. Erhaben: nur der Himmel ist groß, nur Yau entsprach ihm. Unendlich: das Volk konnte keinen Namen finden. Erhaben war die Vollendung seiner Werke, strahlend waren seine Lebensordnungen.«

20 – Die heiligen Herrscher des Altertums

III: YAU, SCHUN, WU, WEN

Schun hatte an Beamten fünf Männer, und der Erdkreis war in Ordnung. König Wu sprach: »Ich habe an tüchtigen Beamten zehn Menschen.« Meister Konfuzius sprach: »Genies sind schwer zu finden: ist das nicht ein wahres Wort? Die Zeit des Zusammentreffens von Yau (Tang) und Schun (Yü) ist dadurch so blühend.« Doch war eine Frau darunter; sodass es im Ganzen nur neun Männer waren.

»Von den drei Teilen des Erdkreises zwei zu besitzen und dennoch dem Hause Yin treu zu bleiben: das war die Tugend des Gründers des Hauses Dschou. Von ihm kann man sagen, dass er die höchste Tugend erreicht hat.«

21 – Die heiligen Herrscher des Altertums

IV: YÜ

Der Meister sprach: »An Yü kann ich keinen Makel entdecken: Er war sparsam in Trank und Speise, aber er war fromm vor Gott. Er trug selbst nur schlichte Kleidung, aber (beim Gottesdienst) war er in Purpur und Krone zugegen. Er wohnte in einer geringen Hütte, aber er verwandte alle Mittel auf die Regulierung der Gewässer. An Yü kann ich keinen Makel entdecken.«[35]

BUCH IX

Die ersten 15 Abschnitte des Buches enthalten Äußerungen über die Persönlichkeit Konfuzius' teils von ihm selbst, teils von andern, teils endlich Gespräche und Wechselreden. Mit dem 16. und 17. Abschnitt, die elegische Äußerungen des Meisters über den Fluss der Dinge und die menschliche Verblendung enthalten, geht der Text zu allgemeineren Themen über, die hauptsächlich das Gebiet des Studiums berühren. Der letzte, 30. Abschnitt ist in seiner jetzigen Form zweifelhaft. Bemerkenswert sind die mancherlei Parallelstellen zu Buch VII. *[Vorbemerkung des Übersetzers]*

1 – Esoterisches

Worüber der Meister selten sprach, war: der Lohn, der Wille Gottes, die Sittlichkeit.

---

[35] Dieser Abschnitt verteidigt die große Einfachheit Yüs, der vom Pflug zum Thron aufgestiegen war. Es wird von ihm erzählt, dass er unter dem Essen sich oft zehnmal von Bittstellern unterbrechen ließ und dass er beim Waschen des Morgens dreimal sein Haar provisorisch aufstecken musste, um Geschäfte zu erledigen. Ihm wird die Flussregulierung in der nordchinesischen Ebene zugeschrieben. Er zuerst hat dem Gelben Fluss ein festes Bett gegeben, zu der Zeit als er sintflutartig alles überschwemmte. Während dieser Zeit kam er im Laufe von vielen Jahren dreimal an seinem Haus vorbei; ohne zum Hineingehen Zeit zu finden. – Der Sinn unsres Abschnitts ist nun, dass Yü bei aller persönlichen Sparsamkeit es nicht an der Sorge für andre und für das öffentliche Wohl habe fehlen lassen.

2 – Genie und Talente

Ein Mann aus der Gegend von Da Hiang sprach: »Meister Konfuzius ist gewiss ein großer Mann und hat ausgebreitete Kenntnisse, aber er hat nichts Besonderes getan, das seinen Namen berühmt machen würde.«

Der Meister hörte das und sprach zu seinen Jüngern also: »Was könnte ich denn (für einen Beruf) ergreifen? Soll ich das Wagenlenken ergreifen oder soll ich das Bogenschießen ergreifen? Ich denke, ich muss wohl das Wagenlenken ergreifen.«[36]

3 – Mode und Sinn

Der Meister sprach: »Ein leinener Hut ist eigentlich dem Ritual entsprechend. Heutzutage benutzt man seidene. Es ist sparsam, so richte ich mich nach der Allgemeinheit. Unten (an den Stufen der Halle) sich zu beugen, ist eigentlich dem Ritual entsprechend. Heutzutage macht man die Verbeugung oben. Doch das ist anmaßend, deshalb – ob ich auch von der Allgemeinheit abweiche, ich richte mich nach (dem Ritual der Verbeugung) unten.«

4 – Negative Tugenden

Der Meister war frei von vier Dingen: er hatte keine Meinungen, keine Voreingenommenheit, keinen Starrsinn, keine Selbstsucht.

5 – Gottvertrauen

Als der Meister in Kuang gefährdet war, sprach er: »Da König Wen nicht mehr ist, ist doch die Kultur mir anvertraut? Wenn der Himmel diese Kultur vernichten wollte, so hätte ein spätgeborner Sterblicher sie nicht überkommen. Wenn aber der Himmel diese Kultur nicht vernichten will: was können dann die Leute von Kuang mir anhaben?«

---

[36] Das Scherzwort Konfuzius' anlässlich der Äußerung des Unbekannten, der bei aller Größe Konfuzius' spezielle Taten und Talente vermisst, die sich nachweisen lassen, zeigt den Gegensatz der Standpunkte unter den Menschen, den auch Schiller im Auge hat in dem bekannten Wort, dass edle Naturen mit dem bezahlen, was sie sind, Gemeine mit dem, was sie tun.

6 – Genie und Talente

Ein Minister fragte den Dsï Gung und sprach: »Ist euer Meister nicht ein Genie? Wie zahlreich sind seine Talente!« Dsï Gung sprach: »In der Tat, wenn ihm der Himmel Gelegenheit gibt, wird er sich als Genie beweisen; außerdem hat er viele Talente.«

Der Meister hörte es und sprach: »Woher kennt mich denn der Minister? Ich hatte eine harte Jugend durchzumachen, deshalb erwarb ich mir mancherlei Talente. Aber das sind Nebensachen. Kommt es denn darauf an, dass der Edle in vielen Dingen Bescheid weiß? Nein, es kommt gar nicht auf das Vielerlei an.«

Lau sprach: »Der Meister pflegte zu sagen: ›Ich habe kein Amt; deshalb kann ich mich mit der Kunst beschäftigen.‹«

7 – Der Meister und sein Wissen

Der Meister sprach: »Ich hätte (geheimes) Wissen? Ich habe kein (geheimes) Wissen. Wenn ein ganz gewöhnlicher Mensch mich fragt, ganz wie leer, so lege ich es von einem Ende zum andern dar und erschöpfe es.«

8 – Kein Zeichen

Der Meister sprach: »Der Vogel Fong kommt nicht, aus dem Fluss kommt kein Zeichen: Es ist aus mit mir!«

9 – Ehrfurcht vor Rang und Unglück

Wenn der Meister jemand in Trauer sah, jemand im Hofgewand oder einen Blinden: so stand er bei ihrem Anblick auf, auch wenn sie jünger waren; musste er an ihnen vorbei, so tat er es mit raschen Schritten.

10 – Das Ideal und der Schüler

Yen Yüan seufzte und sprach: »Ich sehe empor, und es wird immer höher, ich bohre mich hinein, und es wird immer undurchdringlicher. Ich schaue es vor mir, und plötzlich ist es wieder hinter mir. Der Meister lockt freundlich Schritt für Schritt die Menschen. Er erweitert unser Wesen durch (Kenntnis der) Kultur, er beschränkt es durch (die Gesetze des) Geziemenden. Wollte ich ablassen, ich könnte es nicht mehr. Wenn ich aber alle meine Kräfte erschöpft habe und glaube es schon erreicht, so steht es wieder klar und fern. Und wenn ich noch so sehr ihm folgen möchte, es ist kein Weg dahin!«

11 – Der Meister im Sterben

Der Meister war auf den Tod krank. Dsï Lu traf Veranstaltungen, dass die Jünger (beim Todesfall und beim Begräbnis) als Minister funktionieren sollten. Als die Krankheit etwas nachließ, sprach (der Meister): »Immer macht der Yu unaufrichtige Geschichten! Keine Minister zu haben, und tun, als hätte ich welche: wen wollen wir denn damit betrügen? Wollen wir etwa den Himmel betrügen? Und (meint ihr denn, ich möchte) in den Händen von Ministern sterben und nicht vielmehr in den Armen meiner getreuen Jünger? Und wenn ich auch kein fürstliches Begräbnis bekomme, so sterbe ich ja doch auch nicht auf der Landstraße.«

12 – Der Edelstein

Dsï Gung[37] sprach: »Wenn ich hier einen schönen Nephrit[38] habe, soll ich ihn in einen Kasten stecken und verbergen oder soll ich einen guten Kaufmann suchen und ihn verkaufen?« Der Meister sprach: »Verkaufe ihn ja! Verkaufe ihn ja! Aber ich würde warten auf den Kaufmann.«

13 – Die Barbaren

Der Meister äußerte den Wunsch, unter den neun Barbarenstämmen des Ostens zu wohnen.[39] Jemand sprach: »Sie sind doch so roh; wie

---

[37] Dsï Gung konnte es nicht mit ansehen, dass der Meister ohne Amt blieb, statt sich bei einem Fürsten der Zeit einen einflussreichen Posten zu besorgen und so seinen Lehren Erfolg zu verschaffen. Das legt er ihm im Gleichnis nahe. Der Meister antwortet im Gleichnis und erklärt seine Zurückhaltung.

[38] Schmuckstein; Mischkristall aus Tremolit und Aktinolith

[39] Der Ausspruch Konfuzius' ist einer jener Ausbrüche der Verzweiflung, dass er zur Tatenlosigkeit und Erfolglosigkeit in China verurteilt sei. Die kulturstolze Bemerkung des Ungenannten, dass mit China die Welt des möglichen Wohnens aufhöre, weist er mit weitem Blick für das Menschenwesen zurück. Die Menschennatur ist allenthalben so, dass sie dem Edlen sich beugt und ihm entsprechend sich umgestaltet.

wäre so etwas möglich!« Der Meister sprach: »Wo ein Gebildeter weilt, kann keine Rohheit aufkommen.«

14 – Reform der Musik

Der Meister sprach. »Nachdem ich von We nach Lu zurückgekehrt[40] war, da wurde die Musik in Ordnung gebracht. Die Festlieder und Opfergesänge kamen alle an ihren rechten Platz.«

15 – Der Geist der Lebenskunst

Der Meister sprach: »Nach außen dem Fürsten und Vorgesetzten dienen, nach innen dem Vater und älteren Bruder dienen, bei Trauerfällen gewissenhaft alle Gerechtigkeit erfüllen, (bei Festen) sich vom Wein nicht überkommen lassen: was kann ich dazu tun?«

16 – Der Fluss

Der Meister stand an einem Fluss und sprach: »So fließt alles dahin, wie dieser Fluss, ohne Aufhalten Tag und Nacht!«

17 – Himmlische und irdische Liebe

Der Meister sprach: »Ich habe noch keinen gesehen, der moralischen Wert liebt ebenso, wie er die Frauenschönheit liebt.«

18 – Stillstand und Fortschritt

Der Meister sprach: »Nehmt zum Vergleich einen Hügel, der fertig ist bis auf einen Korb Erde; bleibt es dabei, so bedeutet es für mich einen Stillstand. Nehmt zum Vergleich den ebenen Grund, es mag erst ein Korb Erde aufgeworfen sein; geht es weiter, so bedeutet es für mich einen Fortschritt.«

19 – Beharrlichkeit

Der Meister sprach: »Wenn man mit ihm sprach, niemals zu erlahmen: das war Huis Art!«

---

[40] Konfuzius kehrte im 11. Jahr des Fürsten Ai von seinen Wanderungen nach Lu zurück. Es war in seinem 69. Lebensjahre, fünf Jahre vor seinem Tod.

20 – Beständiger Fortschritt

Der Meister sagte in Beziehung auf Yen Yüan: »Ach, ich habe ihn (immer) fortschreiten sehen, ich habe ihn nie stillstehen sehen!«

21 – Blüten und Früchte

Der Meister sprach: »Dass manches keimt, das nicht zum Blühen kommt, ach, das kommt vor! Dass manches blüht, das nicht zum Reifen kommt, ach, das kommt vor!«

22 – Ehrfurcht vor dem kommenden Geschlecht

Der Meister sprach: »Vor dem spätergeborenen Geschlecht muss man heilige Scheu haben. Wer weiß, ob die Zukunft es nicht der Gegenwart gleichtun wird? Wenn einer aber vierzig, fünfzig Jahre alt geworden ist, und man hat noch nichts von ihm gehört, dann freilich braucht man ihn nicht mehr mit Scheu zu betrachten.«

23 – Zustimmung und Tat

Der Meister sprach: »Worte ernsten Zuredens: wer wird denen nicht zustimmen? Aber worauf es ankommt, das ist Besserung (des Lebens). Worte zarter Andeutung: wer wird die nicht freundlich anhören? Aber worauf es ankommt, das ist ihre Anwendung (auf die Praxis). Freundliches Anhören ohne Anwendung, Zustimmung ohne Besserung: was kann ich damit anfangen?«

24 – Treu und Glauben

Der Meister sprach: »Mache Treu und Glauben zur Hauptsache, habe keinen Freund, der dir nicht gleich ist. Hast du Fehler, scheue dich nicht, sie zu verbessern.«

25 – Die Macht des Kleinsten

Der Meister sprach: »Einem Heer von drei Armeen kann man seinen Führer nehmen; dem geringsten Mann aus dem Volk kann man nicht seinen Willen nehmen.«

26 – Dsï Lus Lob und Tadel

Der Meister sprach: »Mit einem ärmlichen hanfenen Rock bekleidet zu sein und an der Seite von andern zu stehen, die kostbares Pelzwerk tragen, ohne sich zu schämen: das bringt Yu fertig.

Der keinem schadet, nichts begehrt,
Wie tät' er nicht, was gut und recht?«

Dsï Lu sang darauf die Strophe dauernd vor sich hin. Der Meister sprach: »Dieser Weg allein führt aber noch nicht bis zur Vollkommenheit.«

27 – Im Winter

Der Meister sprach: »Wenn das Jahr kalt wird, dann erst merkt man, dass Föhren und Lebensbäume immergrün sind.«

28 – Der dreifache Sieg

Der Meister sprach: »Weisheit macht frei von Zweifeln, Sittlichkeit macht frei von Leid, Entschlossenheit macht frei von Furcht.«

29 – Gefährten auf dem Lebensweg

Der Meister sprach: »Manche können mit uns gemeinsam lernen, aber nicht gemeinsam mit uns die Wahrheit erreichen. Manche können mit uns gemeinsam die Wahrheit erreichen, aber nicht gemeinsam mit uns sich festigen. Manche können gemeinsam mit uns sich festigen, aber nicht gemeinsam mit uns (die Ereignisse) abwägen.«

30 – Fernes Gedenken

»Die roten Kirschenblüten
Schließen der Kelche Rand.
Wie wollt' ich dein nicht gedenken
Fern, ach, im Heimatland!«

Der Meister sprach: »Das ist noch kein wirkliches Gedenken. Was könnte dem die Ferne tun?«

BUCH X

Dieses Buch unterscheidet sich von allen früheren dadurch, dass es den Meister nur von der Seite seines Privatlebens (und seiner offiziellen äußeren Tätigkeit) zeigt. Es bringt viel Interessantes, wenn auch mehr zeitgeschichtliches als biographisches Material bei. Äußerlich charakteristisch ist, dass Konfuzius in dem ganzen Buch nur einmal als ›der Meister‹ bezeichnet wird, sonst allenthalben als ›Meister Konfuzius‹ oder ›der Edle‹. Das legt den Gedanken nahe, dass dieses Buch aus einer anderen Quelle stammt als die übrigen. Dafür spricht ohnehin die ganze Art der Erzählung, die ganze biographisch-porträtierende Beschreibung, sowie schon äußerlich der Umstand, dass das ganze Buch ursprünglich einen einzigen Abschnitt bildete und erst später in 17 Abschnitte aus Rücksichten des praktischen Gebrauchs eingeteilt wurde.

Die minutiöse Detailschilderung berührt den Europäer fremdartig, doch darf man nicht vergessen, dass daran z. T. das spezifisch-chinesische Kolorit, das zunächst ungewohnt erscheint, die Haupt-schuld trägt. Die chinesischen Kommentatoren sind im Gegenteil entzückt über diese Details, die den Meister so deutlich vor Augen malen. Wichtig ist das Buch als Beleg dafür, wie sorgfältig Konfuzius auf Übereinstimmung zwischen Theorie und Praxis seines Lebens gehalten hat. *[Vorbemerkung des Übersetzers]*

1 – Konfuzius' Redeweise zu Haus und bei Hofe

Meister Konfuzius war in seinem Heimatorte in seinem Wesen voll anspruchsloser Einfachheit, als könnte er nicht reden. Im Tempel und bei Hofe dagegen sprach er fließend, aber mit Überlegung.

2 – Verkehr mit Beamten und Fürsten

Bei Hofe sprach er mit den (ihm gleichgeordneten) Ministern zwei-ten Rangs frei und ungezwungen, mit den Ministern ersten Grades präzis und sachlich. Wenn der Fürst eintrat, war er in seinem Benehmen ehrfurchtsvoll, doch gefasst.

3 – Bei Staatsbesuchen

Wenn ihn der Fürst zum Empfang eines Gastes befahl, so wurde seine Miene ernst, und seine Schritte waren geschwind. Bei den Verbeugungen vor den nebenstehenden Beamten wandte er die zum Gruß erhobenen Hände nach links und rechts. Seine Kleidung blieb dabei vorn und hinten in Ordnung. (Beim Geleiten der Gäste) eilte er voran und (seine Arme waren) in leichter Schwingung. Nachdem der Gast sich zurückgezogen, machte er stets die Meldung: »Der Gast sieht sich nicht mehr um.«[41]

4 – Während der Audienz

Wenn er durch das Palasttor trat, so beugte er sich, gleich als ob er kaum hindurch käme. Beim Stehen vermied er den Platz gegenüber von der Mitte des Tors, beim Durchschreiten (des Tors) trat er nicht auf die Schwelle. Wenn er am (leeren, äußeren) Thron vorbeikam, so wurde seine Miene ernst, und seine Schritte waren geschwind, er redete im Flüsterton. Er hielt sorgfältig den Saum seines Kleides empor, wenn er zur Audienzhalle hinaufstieg. Er beugte sich und hielt den Atem an, gleich als wagte er nicht Luft zu schöpfen. Wenn er (von der Audienzhalle wieder herauskam und) die erste Stufe herabgestiegen war, so löste sich die Spannung in seinen Zügen, und er hatte einen heiteren Ausdruck. Unten an den Stufen angekommen, eilte er vorwärts (und seine Arme waren) in leichter Schwingung. So kehrte er an seinen Platz zurück mit ehrfurchtsvollem Gesichtsausdruck.

---

[41] Bei den Staatsbesuchen der Fürsten wurde in China großes Zeremoniell beobachtet. Kam der Gast an, so hatte er 90 Schritte westlich vor dem Palasttore vom Wagen zu steigen und durch einen Kordon von Beamten sich mit dem ihn am Tor der Ahnenhalle erwartenden Gastgeber zu verständigen. Auf beiden Seiten wurden hierzu drei Stufen von Beamten ausgesucht, die, in bestimmten Abständen voneinander stehend, unter Verbeugungen nach rechts und links (beim Empfang und Weitergeben der Nachricht) die Verständigung der Fürsten vermittelten. Konfuzius hätte seinem Amt entsprechend eigentlich nur den zweiten Rang der Gastempfänger einnehmen sollen. Er scheint jedoch wegen seiner Erfahrung auf diesem Gebiet zum wichtigen ersten Rang, der eigentlich den höchsten Adelsgeschlechtern zustand, berufen worden zu sein. Nachdem der Zweck des Besuchs auf diese Weise kund war, kam der eigentliche Empfang. Beim Abschied hatte der Gastgeber so lange am Tor zu warten, bis der Gast sich nicht mehr umsah.

5 – Benehmen bei diplomatischen Missionen

Wenn er das Zepter (seines Fürsten) zu tragen hatte, so beugte er sich, gleich als sei er nicht fähig (es zu tragen). Er hob es nicht höher, als man die Hand zum Gruß erhebt (in Augenhöhe), und senkte es nicht tiefer, als man die Hand beim Überreichen einer Gabe ausstreckt (in Brusthöhe). Seine Miene war ernst und devot, seine Schritte waren langsam und gemessen. Beim Überreichen der Geschenke hatte er ein mildes Wesen. Bei der Privataudienz war er freundlich und heiter.

6 – Kleiderregeln

Der Edle nahm kein Blaurot oder Schwarzrot zum Kleiderausputz. Gelbrot und violett nahm er nicht (einmal) für seine Hauskleider. In der heißen Zeit trug er ungefütterte, gazeartige linnene Gewebe, aber beim Ausgehen zog er immer noch ein Kleidungsstück darüber an. Dunkelbraune Kleidung trug er zusammen mit schwarzem Lammpelz, ungefärbte Kleidung mit Rehpelz, gelbe Kleidung mit Fuchspelz. Zu Hause trug er lange Pelzkleider, woran der rechte Ärmel kurz war. Er trug immer Nachthemden, die anderthalb Körperlängen hatten. Beim Aufenthalt zu Hause gebrauchte er dicke Fuchs- oder Dachspelze. Außer bei Trauerfällen trug er sämtliche Nephritschmuckstücke. Außer bei den ungenähten Opfergewändern hatte er immer nach der Figur genähte Kleider. Schwarzen Lammpelz und dunkle Kopfbedeckung trug er nicht, wenn er Trauerbesuche machte. Zum Monatsanfang zog er Galakleidung an und stellte sich bei Hofe vor.

7 – Das Fasten

Beim Fasten hatte er immer reine Kleider von Linnen. Beim Fasten änderte er immer die Speise und verließ seinen (gewöhnlichen) Aufenthaltsplatz.

8 – Das Essen

Beim Essen verschmähte er es nicht, auf Reinigung (des Reises zu halten), beim Hackfleisch verschmähte er es nicht, auf Feinheit (zu halten). Reis, der verdorben war und schlecht, Fisch, der alt, und Fleisch, das nicht mehr frisch war, aß er nicht. Was eine schlechte

Farbe hatte, aß er nicht. Was einen schlechten Geruch hatte, aß er nicht. Was nicht richtig gekocht war, aß er nicht. Was nicht der Zeit entsprach, aß er nicht. Was nicht richtig geschlachtet war oder nicht die richtige Sauce hatte, aß er nicht. Wenn das Fleisch auch viel war, ließ er es nicht den Geschmack des Reises verdecken. Nur im Weintrinken legte er sich keine Beschränkung auf, doch ließ er sich nicht von ihm verwirren. Gekauften Wein und Dörrfleisch vom Markt genoss er nicht. Er hatte stets Ingwer beim Essen. Er aß nicht viel. Wenn er beim fürstlichen Opfer anwesend war, behielt er (den ihm zugewiesenen Anteil an) Fleisch nicht über Nacht. Opferfleisch ließ er nicht länger als drei Tage liegen. Was über drei Tage alt war, das wurde nicht gegessen. Beim Essen diskutierte er nicht. Im Bett redete er nicht. Wenn er auch nur einfachen Reis und Gemüsesuppe und Gurken hatte, so brachte er doch ehrfurchtsvoll ein Speiseopfer dar.

9 – Keine Unordnung

War die Matte nicht gerade, so setzte er sich nicht.

10 – Ehrung alter Sitten

Wenn die Dorfgenossen zusammen tranken und die Alten aufbrachen; so brach er auf.

Wenn die Dorfgenossen den Reinigungsumzug hielten, so kleidete er sich in Hoftracht und stellte sich auf die östliche Treppe seines Hauses.

11 – Höflichkeit

Wenn er jemand mit Grüßen in einen Nachbarstaat sandte, so verneigte er sich zweimal vor ihm und geleitete ihn.

Freiherr Kang sandte ihm Medizin. Er empfing sie mit einer Verbeugung und sprach: »Ich kenne ihre Wirkung nicht, deshalb wage ich nicht, sie zu kosten.«[42]

12 – Der Stallbrand

Einst brannte sein Stall. Der Meister kam von Hofe zurück und fragte: »Ist auch nicht etwa ein Mensch verletzt?« Er fragte nicht nach (dem Verlust an) Pferden.

13 – Ehrung durch den Fürsten

Wenn der Fürst ihm eine Speise sandte, so rückte er die Matte gerade und kostete sie zuerst. Wenn der Fürst ungekochtes Fleisch sandte, so ließ er es kochen und brachte es (seinen Ahnen) dar. Wenn der Fürst ein lebendes Tier sandte, so hielt er es lebend.

Wenn er vom Fürsten zum Essen befohlen war und der Fürst die Dankspende dargebracht hatte, kostete er alle Speisen zuerst. Wenn er krank war und der Fürst ihn besuchte, so legte er sich mit dem Kopf nach Osten, legte die Hofkleidung über sich und zog den Gürtel darüber. Wenn ihn der Fürst (zu Hof) befahl, so wartete er nicht, bis angespannt war, sondern ging zu Fuß voran.

14 – Im königlichen Heiligtum

Wenn er das königliche Heiligtum betrat, erkundigte er sich nach jeder einzelnen Verrichtung.

15 – Verhältnis zu Freunden

Wenn ein Freund gestorben war, der keine Angehörigen hatte, so sprach er: »Überlasst es mir, ihn zu begraben.«

Wenn ein Freund ihm etwas schenkte, und waren es selbst Pferde und Wagen: wenn es nicht Opferfleisch war, so machte er keine Verbeugung.

---

[42] Es war sonst für Beamte nicht üblich, mit dem Ausland zu verkehren. Konfuzius machte eine Ausnahme. Seine Höflichkeit gegen den Boten war eine Ehrung für den, dem die Botschaft galt. Freiherr Kang ist der auch sonst genannte Minister Gi Kang von Lu. Es war nicht Sitte, Medizin als Geschenk zu schicken, da die Geschenke aus Höflichkeit beim Empfang gekostet werden mussten und die Medizinen häufig giftig waren. Konfuzius nimmt das Geschenk an und gibt die Erklärung, warum er es nicht kostet, sodass er nicht als unhöflich erscheint.

16 – Das äußere Benehmen

Im Bett lag er nicht (steif wie) ein Leichnam. Im täglichen Leben war er nicht formell.

Wenn er jemand in Trauer sah, so änderte er (seinen Gesichtsausdruck), auch wenn er ein guter Bekannter war. Wenn er einen in Hofkopfbedeckung oder einen Blinden sah, so benahm er sich höflich, auch wenn er ihnen oft begegnete.

Einen Leichenzug grüßte er (wenn er selbst im Wagen fuhr) durch (Verbeugung bis zur) Querstütze. Ebenso begrüßte er die (Leute, welche die) Volkszählungslisten trugen.

Wenn er bei einem reichen Mahl (zu Gaste) war, so änderte er seinen Ausdruck und erhob sich.

Bei einem plötzlichen Donnerschlag oder einem heftigen Sturm änderte er stets (seinen Gesichtsausdruck).[43]

17 – Im Wagen

Wenn er den Wagen bestieg, stand er gerade und hielt das Handseil. Im Wagen sah er nicht nach innen, sprach nicht hastig und deutete nicht mit dem Finger.

18 – Die Fasanenhenne [44]

»Ein Anblick, und es steigt empor,
Es fliegt umher und lässt sich wieder nieder.«

Er sprach: »Auf der Bergbrücke eine Fasanenhenne. Zu ihrer Zeit! Zu ihrer Zeit!« – Dsï Lu brachte sie dar. Er roch dreimal und erhob sich.

---

[43] In dem Donner und Sturmwind hörte man ›die Stimme des Herrn‹, daher geziemte sich Ehrfurcht.

[44] Die ›Fasanenhenne‹ ist das Mysterium aller Erklärer und Übersetzer. Die chinesischen Kommentare nehmen Korruption des Textes an, und man wird sich dabei beruhigen müssen. Der rätselhafte Paragraph ist ein würdiger Schluss des rätselhaften Buches, das im Ganzen und im Einzelnen dem Kritiker so manche ungelöste Frage darbietet.

BUCH XI

Dieses Buch enthält eine Reihe von wirklichen Gesprächen des Meisters mit seinen Jüngern. Es zeigt ihn im Verkehr mit den Seinen. Dabei zeigt sich eine ganz spezielle Richtung. Dsong Schen, der sonst so vielgenannte und als orthodox anerkannte Fortsetzer der Lehren Konfuzius', tritt in diesem Buch ganz zurück; in der Aufzählung der wichtigsten Jünger in XI, 2 ist er übergangen, ebenso wie Dsï Dschang, der in Buch XIX eine dem Dsï Hia gegenüber etwas oppositionelle Stellung einzunehmen scheint. In Verlauf des Buches kommt nur eine etwas wenig schmeichelhafte Bemerkung über Dsong Schen vor (Abschn. 17), während Dsï Dschang in Abschn. 15 und 17 nicht eben lobend erwähnt wird. Dagegen tritt neben Yen Hui, dessen Platz unbestritten bleibt, eine andre Gestalt in den Vordergrund, Min Dsï Kiën, der sogar einmal ausdrücklich den Ehrentitel ›Meister‹ erhält.

Das lässt darauf schließen, dass zum mindesten ein Teil des überlieferten Stoffs der Schule dieses Jüngers entstammt, der sonst in der Überlieferung sehr zurücktritt. Jedenfalls steht das Buch XI literarisch sehr hoch, wie ein Vergleich der beiden Genreszenen V, 25 und XI, 25 auf den ersten Blick ergibt. Was dort stammelnd angedeutet ist, ist hier mit vollendeter Kunst in Durchbildung der Situation und Individualisierung der einzelnen Persönlichkeiten zum Ausdruck gebracht. Der ganze Ton des Buchs ist freier und fließender als der oft fast ängstlich gewissenhafte des Kreises um Dsong Schen. Herkömmlicherweise beginnt es den zweiten Teil der »Gespräche«. *[Vorbemerkung des Übersetzers]*

1 – Alte und neue Zeit

Der Meister sprach: »Die früheren Geschlechter waren in Kultur und Musik rohe Menschen, die späteren Geschlechter sind in Kultur und Musik gebildet. Wenn ich (diese Dinge) auszuüben habe, so folge ich den früheren Geschlechtern.«

2 – Die Jünger der Wanderzeit

Der Meister sprach: »Von denen, die mir folgten in Tschen und Tsai, kommt keiner mehr zu meiner Tür.«

Ethisch hochstehend waren: Yen Yüan, Min Dsï Kiën, Jan Be Niu, Dschung Gung; rhetorisch begabt waren Dsai Wo und Dsï Gung; politisch tätig waren: Jan Yu und Gi Lu; ästhetisch und literarisch begabt waren: Dsï Yu und Dsï Hia.

3 – Yen Huis Auffassungsgabe

Der Meister sprach: »Hui hilft mir nicht. Mit allem, was ich sage, ist er einverstanden (sodass sich nie eine Diskussion entspinnen kann).«

4 – Min Dsï Kiëns Pietät

Der Meister sprach: »Gehorsam wahrhaftig ist Min Dsï Kiën!‹ Damit sagen die Leute nichts anderes als seine eigenen Eltern und Brüder.«

5 – Nan Yungs Besonnenheit und ihr Lohn

Nan Yung wiederholte häufig das Lied vom weißen Zepterstein. Meister Konfuzius gab ihm die Tochter seines älteren Bruders zur Frau.[45]

6 – Welcher ist der Größte unter den Jüngern?

Der Freiherr Gi Kang fragte, wer unter den Jüngern das Lernen liebe. Meister Konfuzius entgegnete und sprach: »Da war Yen Hui, der liebte das Lernen. Zum Unglück war seine Zeit kurz, und er ist gestorben. Jetzt gibt es keinen mehr.«

7 – Rücksicht auf die Lebenden

Als Yen Yüan gestorben war, bat Yen Lu um des Meisters Wagen, um dafür einen Sarkophag zu beschaffen. Der Meister sprach: »Begabt oder unbegabt: jedem steht doch sein Sohn am nächsten. Als (mein Sohn) Li starb, hatte er einen Sarg, aber keinen Sarkophag; ich kann nicht zu Fuß gehen, um einen Sarkophag zu kaufen. Nachdem

---

[45] Das Lied vom weißen Zepterstein steht im Schï Ging III; 3; 2, 5. Die Zeilen heißen: »Ein Flecken in einem weißen Nephritzepter kann weggeschliffen werden; einen Flecken in der Rede kann man nicht beseitigen«. Die Beherzigung dieser Worte ist ein Zeichen für die vorsichtige Zurückhaltung Nan Yungs.

ich ein öffentliches Amt bekleidet habe, geht es nicht an, dass ich zu Fuß gehe.«[46]

8 – Gottverlassenheit

Als Yen Yüan starb, sprach der Meister: »Wehe, Gott verlässt mich, Gott verlässt mich.«

9 – Des Meisters Tränen um Yen Hui

Als Yen Hui starb, brach der Meister in heftiges Weinen aus. (Die Schüler in) seiner Umgebung sagten: »Der Meister ist zu heftig.« Der Meister sprach: »Klage ich zu heftig? Wenn ich um diesen Mann nicht bitterlich weine, um wen sollte ich es dann tun?«

10 – Yen Huis Beerdigung

Als Yen Yüan gestorben war, wollten die Jünger ihn prächtig beerdigen. Der Meister sagte, sie sollten es nicht tun. Aber die Jünger beerdigten ihn prächtig. Der Meister sprach: »Hui hat mich immer wie einen Vater behandelt; mir war es nicht vergönnt, ihn wie meinen Sohn zu behandeln. Aber nicht an mir lag es, sondern an euch, ihr meine Jünger.«

11 – Tod und Leben

Gi Lu fragte über das Wesen des Dienstes der Geister. Der Meister sprach: »Wenn man noch nicht den Menschen dienen kann, wie sollte man den Geistern dienen können!«

(Dsï Lu fuhr fort): »Darf ich wagen, nach dem (Wesen) des Todes zu fragen?« (Der Meister) sprach: »Wenn man noch nicht das Leben kennt, wie sollte man den Tod kennen?«

12 – Im Kreise der Seinen

---

[46] ... zu Fuß gehen: Yen Lu ist der Vater von Yen Hui (Yen Yüan) und war ebenfalls Konfuzius' Schüler. Da die Familie zu arm war, um einen Doppelsarg, wie er zu einem Begräbnis ersten Rangs gehörte, kaufen zu können, stellt er das obige Ansinnen an Konfuzius. Konfuzius war prinzipiell gegen jeden Beerdigungsluxus (vgl. IX, 2 und XI, 10), deshalb auch diese Ablehnung.

Meister Min stand zu seiner Seite mit ruhigem, gesetztem Gesichts-ausdruck, Dsï Lu blickte mutig drein, Jan Yu und Dsï Gung offen und frei. Der Meister freute sich. (Doch sprach er:) »Dieser Yu (Dsï Lu) wird einmal nicht eines natürlichen Todes sterben.«

13 – Urteile über die Jünger

I: MIN DSÏ KIËN

Die Leute von Lu bauten das lange Schatzhaus (neu). Min Dsï Kiën sprach: »Wie wäre es, wenn man das alte erhalten würde? Warum muss man durchaus ein andres bauen?« Der Meister sprach: »Dieser Mann redet selten, aber wenn er redet, trifft er (das Rechte).«

14 – Urteile über die Jünger

II: DSÏ LUS LAUTENSPIEL

Der Meister sprach: »Die Laute Yus, was hat sie in meinem Tor zu tun?« Da achteten die Jünger den Dsï Lu gering. Der Meister sprach: »Yu ist immerhin zur Halle emporgestiegen, wenn er auch die inneren Gemächer noch nicht betreten hat.«[47]

15 – Urteile über die Jünger

III: DSÏ DSCHANG UND DSÏ HIA

Dsï Gung fragte: »Schï oder Schang, wer ist besser?« Der Meister sprach: »Schï geht zu weit, Schang bleibt zurück.« (Dsï Gung) sprach: »Dann ist also wohl Schï der Überlegene.« Der Meister sprach: »Zu viel ist grade so (falsch) wie zu wenig.«

16 – Urteile über die Jünger

IV: JAN KIU IM DIENST

»Der Freiherr Gi ist reicher als die Fürsten Dschous, und Kiu sam-melt für ihn die Steuern ein und vermehrt seine Habe«, sprach der

---

[47] Nach den Gia Yü war das Lautenspiel Dsï Lus mit kriegerischem Geist erfüllt, es offenbarte eine Lust zu töten, die Konfuzius verletzte. Den alten Berichten nach muss die alte chinesische Musik sehr genau die Seelenzustände ausge-drückt haben, und Konfuzius hatte ein besonderes Verständnis für ihre Deu-tung. – Als die andern Jünger den Dsï Lu aber diesen Tadel empfinden ließen, nimmt sich Konfuzius seiner an und erkennt seine überragende Begabung und seine Kenntnisse, denen nur die letzte harmonische Vollendung fehle, an.

Meister, »das ist kein Jünger von mir. Meine Kinder, ihr möget die Trommel schlagen und ihn angreifen.«[48]

17 – Urteile über die Jünger

V: DSÏ GAU, DSONG SCHEN, DSÏ DSCHANG, DSÏ LU

Tschai ist töricht, Sehen *[Anm.: Schen?]* ist beschränkt, Schï ist eitel, Yu ist roh.[49]

18 – Urteile über die Jünger

VI: YEN HUI UND DSÏ GUNG

Der Meister sprach: »Hui, der wird es vielleicht (erreichen). Er ist stets leer. Sï hat nicht die Bestimmung empfangen, und seine Güter mehren sich. Wenn er etwas plant, so (gelingt es ihm) stets zu treffen.«

19 – Talent und Genie

Dsï Dschang fragte über den Pfad *des ›guten Menschen‹.* Der Meister sprach: »Er wandelt nicht in den Spuren anderer, hat auch nicht die inneren Gemächer betreten.«

20 – Gehalt der Rede

Der Meister sprach: »Worte: sind sie ehrlich und wahr? Ist, der sie spricht, ein Edler? Oder ist er (nur) äußerlich anständig?«

21 – Individuelle Behandlung

Dsï Lu fragte, ob er (die Lehren), die er gehört, sofort in die Tat umsetzen solle. Der Meister sprach: »Du hast doch noch Vater und Bruder (auf die du Rücksicht nehmen musst). Wie kannst du da alles Gehörte sofort ausführen?«

Jan Yu fragte (ebenfalls), ob er (die Lehren), die er gehört, sofort in die Tat umsetzen solle. Der Meister sprach: »Ja, hast du etwas

---

[48] Die Bemerkung war nicht so schlimm gemeint. War es doch Jan Kiu gewesen, der Konfuzius' Rückberufung nach Lu durchgesetzt hatte. Die Lektion galt weit mehr dem Freiherrn Gi als seinen Beamten.

[49] Diese Aussprüche über die Jünger klingen sehr hart, fast mehr wie lieblose Äußerungen der Mitschüler oder deren Nachfolger als wie Urteile des Meisters. Bezeichnenderweise fehlt auch das: ›Der Meister sprach‹.

gehört, so handle auch danach.« Gung Si Hua (hatte beides mit angehört und) sprach: »Yu fragte, ob er das Gehörte sofort ausführen solle. Da sprach der Meister: ›Du hast doch noch Vater und Bruder.‹ Kiu fragt, ob er das Gehörte sofort ausführen solle. Da sprach der Meister: ›Hast du etwas gehört, so handle auch danach.‹ Ich bin deshalb im Unklaren und erlaube mir, um Aufschluss zu bitten.« Der Meister sprach: »Kiu ist zögernd, deshalb muss man ihn antreiben; Yu hat einen Überschuss an Tatendrang, deshalb muss man ihn zurückhalten.«

22 – Bescheidenheit

Als der Meister in Kuang in Gefahr war, blieb Yen Yüan zurück. Der Meister sprach: ›Ich dachte schon, du seiest umgekommen.« Da sprach er: »Solange der Meister am Leben ist, wie könnte ich da wagen zu sterben?«

23 – Strenges Urteil

Gi Dsï Jan fragte über Dschung Yu (Dsï Lu) und Jan Kiu (Jan Yu), ob man sie als bedeutende Staatsmänner bezeichnen könne. Der Meister sprach: »Ich dachte, der Herr würde etwas Außerordentliches zu fragen haben; nun ist es nur die Frage nach Yu und Kiu. Wer den Namen eines bedeutenden Staatsmannes verdient, der dient seinem Fürsten gemäß der Wahrheit; wenn das nicht geht, so tritt er zurück. Was nun Yu und Kiu anlangt, das sind einfache Angestellte.« Da sprach jener: »Dann folgen sie also (in allen Stücken)?« Der Meister sprach: »Bei einem Vatermord oder Fürstenmord werden sie doch nicht folgen.«

24 – Notwendigkeit geistiger Reife

Dsï Lu stellte den Dsï Gau als Beamten des Kreises Bi (Fe) an. Der Meister sprach: »Du verdirbst das Menschenkind.« Dsï Lu sprach: »Da hat er eine Bevölkerung (zu regieren) und den Göttern des Landes und des Korns zu opfern – warum muss man denn nur immer hinter Büchern sitzen, um sich zu bilden?« Der Meister sprach: » (Diese Menschen haben doch immer eine Ausrede!) Das ist's, warum ich diese zungenfertige Art nicht leiden kann.«

25 – Herzenswünsche

Dsï Lu, Dsong Si, Jan Yu und Gung Si Hua saßen (mit dem Meister) zusammen. Da sprach der Meister: »Obwohl ich ein paar Tage älter bin als ihr, so nehmet mich nicht so. Ihr sagt immer: ›Man kennt uns nicht.‹ Wenn euch nun ein (Herrscher) kennen würde (und verwenden wollte), was würdet ihr dann tun?«

Dsï Lu fuhr sogleich heraus: »Wenn es ein Reich von tausend Streitwagen gäbe, das eingeklemmt wäre zwischen mächtigen (Nachbar-)Staaten, das außerdem von großen Heeren bedrängt wäre und überdies unter Mangel an Brot und Gemüsen litte: wenn ich es zu regieren hätte, so wollte ich es in drei Jahren so weit gebracht haben, dass (das Volk) Mut hat und seine Pflicht kennt.« Der Meister lächelte. »Und Kiu, was sagst du?« (Jan Kiu) antwortete: »Ein Gebiet von 60 bis 70 Meilen im Geviert, oder sagen wir 50 bis 60 Geviertmeilen: wenn ich das zu regieren hätte, so getraute ich mir wenigstens, es in drei Jahren so weit zu bringen, dass das Volk genug zu leben hat. Was die Pflege der Kultur und Kunst betrifft, die muss ich einem besseren Manne nach mir überlassen.«

»Und Tschï, was sagst du?« (Gung Si Hua) antwortete: »Ich sage nicht, dass ich es schon kann, aber lernen möchte ich es: im kaiserlichen Ahnentempel und bei kaiserlichen Audienzen im Festgewand und Barett wenigstens als niedriger Gehilfe zu dienen, das ist mein Wunsch.«

»Diën, was sagst du?« Dsong Si verlangsamte sein Lautenspiel, ließ die Laute verklingen und legte sie beiseite. Dann stand er auf und sprach: »Ach (meine Wünsche) sind verschieden von den Plänen dieser drei Freunde.« Der Meister sprach: »Was schadet es? Ein jeder soll seines Herzens Wünsche aussprechen.« Da sagte er: »Ich möchte im Spätfrühling, wenn wir die leichteren Frühlingskleider tragen, mit fünf oder sechs erwachsenen Freunden und ein paar Knaben im Flusse baden und im heiligen Hain des Lufthauchs Kühlung genießen. Dann würden wir ein Lied zusammen singen und heimwärts ziehen.« Der Meister seufzte und sprach: »Ich halte es mit Diën.«

Die drei andern Jünger gingen hinaus, nur Dsong Si blieb zurück. Dsong Si sprach: »Was bedeuten die Worte der drei Jünger?« Der

Meister sprach: »Es sprach eben jeder seines Herzens Wünsche aus, nichts weiter.« – »Und warum lächelte der Meister über Dsï Lu?« – »Um ein Reich zu regieren, braucht es Takt. Seine Worte aber waren nicht bescheiden, darum lächelte ich über ihn.« – »Dann hat also Jan Kiu nicht von der Regierung eines Staates gesprochen?« – »Gewiss; denn wo gäbe es ein Gebiet von 60 bis 70 oder 50 bis 60 Meilen im Geviert, das nicht ein Staat wäre?« – »Und hat Gung Si Hua nicht auch von einem Staat gesprochen?« – »Gewiss; denn im kaiserlichen Ahnentempel und bei kaiserlichen Audienzen – wer hat außer den Landesfürsten dabei etwas zu tun? (Er sagte zwar bescheidener Weise nur, dass er als niedriger Gehilfe dabei dienen wolle, aber), wenn ein Mann wie Tschï niedriger Gehilfe ist, wer sollte dann der Leiter sein?«

BUCH XII

Die 24 Abschnitte dieses Buches handeln meist von Gegenständen prinzipieller Art. Es bildet so eine Ergänzung des XI., mehr persönlich gearteten Buches. Für die Kenntnis der konfuzianischen Ethik und Weltanschauung ist es besonders ergiebig. *[Vorbemerkung des Übersetzers]*

1 – Sittlichkeit

I: SCHÖNHEIT

Yen Yüan fragte nach (dem Wesen) der Sittlichkeit. Der Meister sprach: »Sich selbst überwinden und sich den Gesetzen der Schönheit zuwenden: dadurch bewirkt man Sittlichkeit. Einen Tag sich selbst überwinden und sich den Gesetzen der Schönheit zuwenden: so würde die ganze Welt sich zur Sittlichkeit kehren. Sittlichkeit zu bewirken, das hängt von uns selbst ab; oder hängt es etwa von den Menschen ab?«

Yen Yüan sprach: »Darf ich um Einzelheiten davon bitten?«

Der Meister sprach: »Was nicht dem Gesetz der Schönheit entspricht, darauf schaue nicht; was nicht dem Gesetz der Schönheit entspricht, darauf höre nicht; was nicht dem Schönheitsideal entspricht, davon rede nicht; was nicht dem Schönheitsideal entspricht, das tue nicht.« Yen Yüan sprach: »Obwohl meine Kraft nur schwach ist, will ich mich doch bemühen, nach diesem Wort zu handeln.«

2 – Sittlichkeit

Dschung Gung fragte nach (dem Wesen) der Sittlichkeit. Der Meister sprach: »Trittst du zur Tür hinaus, so sei wie beim Empfang eines geehrten Gastes. Gebrauchst du das Volk, so sei wie beim Darbringen eines großen Opfers. Was du selbst nicht wünschest, das tue nicht den Menschen an. So wird es in dem Land keinen Groll (gegen dich) geben, so wird es im Hause keinen Groll (gegen dich) geben.«

Dschung Gung sprach: »Obwohl meine Kraft nur schwach ist, will ich mich doch bemühen, nach diesem Wort zu handeln.«

3 – Sittlichkeit

Sï Ma Niu fragte nach (dem Wesen) der Sittlichkeit. Der Meister sprach: »Der Sittliche ist langsam in seinen Worten.« Er antwortete: »Langsam in seinen Worten sein: das heißt Sittlichkeit?« – Der Meister antwortete: »Wer beim Handeln die Schwierigkeiten sieht: kann der in seinen Worten anders als langsam sein?«

4 – Der Edle ist frei von Schwermut und Angst

Sï Ma Niu fragte nach dem (Wesen des) Edlen. Der Meister sprach: »Der Edle ist ohne Trauer und ohne Furcht.«

Er sprach: »Ohne Trauer und ohne Furcht sein: das heißt ein Edler sein?« – Der Meister sprach: »Wenn einer sich innerlich prüft, und kein Übles da ist, was sollte er da traurig sein, was sollte er fürchten?«

5 – Trost

Sï Ma Niu war betrübt und sprach: »Alle Menschen haben Brüder, nur ich habe keinen.« Dsï Hia sprach: »Ich habe gehört: Tod und Leben haben ihre Bestimmung, Reichtum und Ansehen kommen vom Himmel. Der Edle ist sorgfältig und ohne Fehl: im Verkehr mit den Menschen ist er ehrerbietig und taktvoll: so sind innerhalb der vier Meere alle seine Brüder. Warum sollte der Edle sich bekümmern, dass er keine Brüder hat?«

6 – Klarheit des Geistes

Dsï Dschang fragte nach (dem Wesen) der Klarheit. Der Meister sprach: »Auf wen langsam durchsickernde Verleumdungen und durch die Haut dringende Klagen nicht wirken, den kann man als klar bezeichnen. Auf wen langsam durchsickernde Verleumdungen und durch die Haut dringende Klagen nicht wirken, ja, den kann man als weit (blickend) bezeichnen.«

7 – Staatsregierung

I: VERTRAUEN

Dsï Gung fragte nach (der rechten Art) der Regierung. Der Meister sprach: »Für genügende Nahrung, für genügende Wehrmacht und für das Vertrauen des Volkes (zu seinem Herrscher) sorgen.« Dsï Gung sprach: »Wenn man aber keine Wahl hätte, als etwas davon aufzugeben: auf welches von den drei Dingen könnte man am ehesten verzichten?« (Der Meister) sprach: »Auf die Wehrmacht.« Dsï Gung sprach: »Wenn man aber keine Wahl hätte, als auch davon eines aufzugeben: auf welches der beiden Dinge könnte man am ehesten verzichten?« (Der Meister) sprach: »Auf die Nahrung. Von alters her müssen alle sterben; wenn aber das Volk keinen Glauben hat, so lässt sich keine (Regierung) aufrichten.«

8 – Kern und Schale

Gi Dsï Tschong sprach: »Dem Edlen kommt es auf das Wesen an und sonst nichts. Was braucht er sich um die Form zu kümmern?«

Dsï Gung sprach: »Bedauerlich ist die Rede des Herren über den Edlen. Ein Viergespann holt die Zunge nicht ein. Die Form ist Wesen, das Wesen ist Form. Das von Haaren entblößte Fell eines Tigers und Leoparden ist wie das von Haaren entblößte Fell eines Hundes oder Schafs.«

9 – Volkswohlstand und Staatswohlstand

Fürst Ai fragte den Yu Jo und sprach: »Dies Jahr ist Teuerung, die Bedürfnisse lassen sich nicht decken. Was ist zu tun?« Yu Jo entgegnete und sprach: »Warum nicht den allgemeinen Zehnten durchführen?« (Der Fürst) sprach: »Mit zwei Zehnten habe ich noch immer nicht genug. Was soll man da mit dem einfachen Zehnten anfangen?« Er entgegnete und sprach: »Wenn die Untertanen genug haben, von wem bekäme der Fürst nicht genug? Wenn die Untertanen nicht genug haben, von wem bekäme der Fürst genug?«

10 – Innere Unklarheit

Dsï Dschang fragte, wie man sein Wesen erhöhen und Unklarheiten unterscheiden könne. Der Meister sprach: »Treu und Glauben zur Hauptsache machen, der Pflicht folgen: dadurch erhöht man sein Wesen. Einen lieben und wünschen, dass er lebe; einen hassen und wünschen, dass er sterbe: also wünschen, dass einer lebe, und wieder wünschen, dass einer sterbe, das ist Unklarheit.« »Wahrlich nicht um ihres Reichtums willen. Einzig nur um ihrer Besonderheit willen.« Die beiden letzten Sätze sind ein Zitat aus Schï Ging II, 4, 4, 3, das keinen Sinn im Zusammenhang gibt und nach Tschongs Kommentar, dem die meisten andern folgen, zu XVI, 12 gehört, wo ein Zitat ausgefallen ist.)

11 – Staatsregierung

II: SOZIALE ORDNUNG ALS GRUNDLAGE DES STAATSWESENS

Der Fürst Ging von Tsi fragte den Meister Konfuzius über die Regierung. Meister Konfuzius sprach: »Der Fürst sei Fürst, der Diener sei Diener; der Vater sei Vater, der Sohn sei Sohn.« Der Fürst sprach: »Gut fürwahr! Denn wahrlich, wenn der Fürst nicht Fürst ist und der Diener nicht Diener; der Vater nicht Vater und der Sohn nicht Sohn: obwohl ich mein Einkommen habe, kann ich dessen dann genießen?«

12 – Dsï Lus Lob

Der Meister sprach: »Nach einem einzelnen Wort einen Prozess entscheiden, das konnte Yu.« Dsï Lu schlief nie über einem (gegebenen) Versprechen.

13 – Prozesse entscheiden und Prozesse verhüten

Der Meister sprach: »Im Anhören von Klagesachen bin ich nicht besser als irgendein anderer. Woran mir aber alles liegt, das ist, zu bewirken, dass gar keine Klagesachen entstehen.«

14 – Staatsregierung

Dsï Dschang fragte nach (dem Wesen) der Staatsregierung. Der Meister sprach:»Unermüdlich dabei sein und gewissenhaft handeln.«

15 – Selbsterziehung

Der Meister sprach:»Wer eine umfassende Kenntnis der Literatur besitzt und sich nach den Regeln der Moral richtet, der mag es wohl erreichen, Fehltritte zu vermeiden.«

16 – Einfluss auf andere

Der Meister sprach:»Der Edle befördert das Schöne der Menschen und befördert nicht das Unschöne der Menschen. Der Gemeine macht es umgekehrt.«

17 – Staatsregierung

Freiherr Gi Kang fragte den Meister Konfuzius nach (dem Wesen) der Regierung. Meister Konfuzius sprach:»Regieren heißt recht machen. Wenn Eure Hoheit die Führung übernimmt im Rechtsein, wer sollte es wagen, nicht recht zu sein?«

18 – Das Volk richtet sich nach der Person, nicht nach den Worten

Freiherr Gi Kang war in Sorge wegen des Räuberunwesens und fragte den Meister Konfuzius. Meister Konfuzius entgegnete:»Wenn Eure Hoheit es nicht wünscht, so wird, ob selbst Belohnung darauf gesetzt würde, niemand rauben.«

19 – Staatsregierung

Freiherr Gi Kang fragte den Meister Konfuzius nach (dem Wesen) der Regierung und sprach:»Wenn man die Übertreter tötet, um denen, die auf rechtem Wege wandeln, zu helfen: wie wäre das?« Meister Konfuzius entgegnete und sprach:»Wenn Eure Hoheit die Regierung ausübt, was bedarf es dazu des Tötens? Wenn Eure Hoheit das Gute wünscht, so wird das Volk gut. Das Wesen des

Herrschers ist der Wind, das Wesen der Geringen ist das Gras. Das Gras, wenn der Wind darüber hinfährt, muss sich beugen.«

20 – Bedeutung und Berühmtheit

Dsï Dschang fragte: »Wie muss ein Gebildeter sein, um durchdringend zu heißen?« Der Meister sprach: »Was verstehst du denn unter durchdringend?« Dsï Dschang erwiderte: »In der Öffentlichkeit berühmt sein und zu Hause berühmt sein.« Der Meister sprach: »Das ist Berühmtheit, nicht Durchdringen. Ein bedeutender Mann ist seinem Wesen nach gerade und liebt Gerechtigkeit. Er prüft die Worte und durchschaut die Minen. Er ist ängstlich darauf aus, sich zu demütigen vor den Menschen. Ein solcher ist in der Öffentlichkeit durchdringend und zu Hause durchdringend. Ein berühmter Mann aber hält sich im Äußeren an die Sittlichkeit, aber übertritt sie in seinem Handeln. Er verharrt (in seinem Selbstbewusstsein) ohne Bedenken. Ein solcher ist in der Öffentlichkeit und zu Hause berühmt.«

21 – Überwindung innerer Unklarheiten

Fan Tschï wandelte (mit dem Meister) unter dem Regenaltar, er sprach: »Darf ich fragen, wie man sein Wesen erhöhen, seine geheimen Fehler bessern und Unklarheiten unterscheiden kann?« Der Meister sprach: »Das ist eine gute Frage! Erst die Arbeit, dann der Genuss: wird dadurch nicht das Wesen erhöht? Seine eignen Sünden bekämpfen und nicht die Sünden der andern bekämpfen: werden nicht dadurch die geheimen Fehler gebessert? Um des Zorns eines Morgens willen seine eigne Person vergessen und seine Angehörigen in Verwicklungen bringen, ist das nicht Unklarheit?«

22 – Sittlichkeit und Weisheit

Fan Tschï fragte nach (dem Wesen) der Sittlichkeit (Menschlichkeit). Der Meister sprach: »Menschenliebe.« Er fragte nach (dem Wesen) der Weisheit. Der Meister sprach: »Menschenkenntnis.« Fan Tschï begriff noch nicht; da sprach der Meister: »Dadurch, dass man die Geraden erhebt, dass sie auf die Verdrehten drücken, kann man die Verdrehten gerade machen.« Fan Tschï zog sich zurück. Er sah Dsï Hia und sprach: »Vor Kurzem war ich bei dem Meister und fragte nach (dem Wesen) der Weisheit. Der Meister sprach: »»Dadurch, dass man die Geraden erhebt, dass sie auf die Verdrehten drücken, kann man die Verdrehten gerade machen.‹ Was bedeutet das?« Dsï Hia sprach: »Das ist ein reiches Wort! Schun hatte das Reich, er wählte unter allen und erhob Gau Yau, da verschwanden die Unsittlichen. Tang hatte das Reich, er wählte unter allen und erhob J Yin, da verschwanden die Unsittlichen.«

23 – Freundschaft

Dsï Gung fragte nach (dem Wesen) der Freundschaft. Der Meister sprach: »Man soll sich gewissenhaft ermahnen und geschickt (zum Guten) führen. Wenn es nicht geht, so halte man inne. Man muss sich nicht selbst der Beschämung aussetzen.«

24 – Zweck der Freundschaft

Meister Dsong sprach: »Der Edle begegnet seinen Freunden durch die Kunst und fördert durch seine Freunde seine Sittlichkeit.«

BUCH XIII

Dieses Buch steht dem letzten ziemlich nahe. Es beschäftigt sich hauptsächlich mit Fragen der Regierung und der persönlichen Charakterbildung. *[Vorbemerkung des Übersetzers]*

1 – Staatsregierung

I: DER REGENT ALS ERSTER IM DIENEN

Dsï Lu fragte nach (dem Wesen) der Regierung. Der Meister sprach: » (Dem Volk) vorangehen und es ermutigen.« Er bat um Weiteres. (Der Meister) sprach: »Nicht müde werden.«

2 – Staatsregierung

II: WIDER DAS PERSÖNLICHE REGIMENT

Dschung Gung war Hausbeamter der Familie Gi und fragte nach (dem Wesen) der Regierung. Der Meister sprach: »Habe an erster Stelle die zuständigen Beamten, verzeih kleine Fehler, wähle Leute von Charakter und Talent.« Er sprach: »Wie weiß ich, welche (Leute) Charakter und Talent haben, dass ich sie wähle?« (Der Meister) sprach. »Wähle die, so du weißt. Die, so du nicht weißt: werden die Menschen auf sie verzichten?«

3 – Staatsregierung

Dsï Lu sprach: »Der Fürst von We wartet auf den Meister, um die Regierung auszuüben. Was würde der Meister zuerst in Angriff nehmen?« Der Meister sprach: »Sicherlich die Richtigstellung der Begriffe.« Dsï Lu sprach: »Darum sollte es sich handeln? Da hat der Meister weit gefehlt! Warum denn deren Richtigstellung?« Der Meister sprach: »Wie roh du bist, Yu! Der Edle lässt das, was er nicht versteht, sozusagen beiseite. Wenn die Begriffe nicht richtig sind, so stimmen die Worte nicht; stimmen die Worte nicht, so kommen die Werke nicht zustande; kommen die Werke nicht zustande, so gedeihen Moral und Kunst nicht; gedeihen Moral und Kunst nicht, so treffen die Strafen nicht; treffen die Strafen nicht, so weiß das Volk nicht, wohin Hand und Fuß setzen. Darum sorge der Edle, dass er seine Begriffe unter allen Umständen zu Worte bringen kann und seine Worte unter allen Umständen zu Taten machen kann. Der Edle duldet nicht, dass in seinen Worten irgendetwas in Unordnung ist. Das ist es, worauf alles ankommt.«

4 – Staatsregierung

Fan Tschï bat um Belehrung über den Ackerbau. Der Meister sprach: » (In diesem Stück) bin ich nicht so (bewandert) wie ein alter Bauer.« Darauf bat er um Belehrung über den Gartenbau. (Der Meister) sprach: »Darin bin ich nicht so bewandert wie ein alter Gärtner.« Fan Tschï ging hinaus. Da sprach der Meister: »Ein beschränkter Mensch ist er doch, dieser Fan Sü. Wenn die Oberen die Ordnung hochhalten, so wird das Volk nie wagen, unehrerbietig zu sein. Wenn die Oberen die Gerechtigkeit hochhalten, so wird das Volk nie wagen, widerspenstig zu sein. Wenn die Oberen die Wahrhaftigkeit hochhalten, so wird das Volk nie wagen, unaufrichtig zu sein. Wenn es aber so steht, so werden die Leute aus allen vier Himmelsrichtungen mit ihren Kindern auf dem Rücken herbeikommen. Was braucht man dazu die Lehre vom Ackerbau!«

5 – Theorie und Praxis

Der Meister sprach: »Wenn einer alle dreihundert Stücke des Liederbuches auswendig hersagen kann, und er versteht es nicht, mit der

Regierung beauftragt, (seinen Posten) auszufüllen oder kann nicht selbständig antworten, wenn er als Gesandter ins Ausland geschickt wird: wozu ist (einem solchen Menschen) alle seine viele (Gelehrsamkeit nütze)?«

6 – Die Person des Herrschenden

Der Meister sprach: »Wer selbst recht ist, braucht nicht zu befehlen: und es geht. Wer selbst nicht recht ist, der mag befehlen: doch wird nicht gehorcht.«

7 – Urteil über zwei zeitgenössische Staaten[50]

Der Meister sprach: »Die Herrscher von Lu und We sind Brüder.«

8 – Anpassung an die Umstände

Der Meister sagte von dem Prinzen Ging von We, dass er gut hauszuhalten verstehe: »Als er anfing etwas zu haben, sprach er: ›Wenn ich's nur beisammenhalte!‹ Als er etwas mehr hatte, sprach er: ›Wenn es nur für alles reicht.‹ Als er reichlich hatte, sprach er: ›Wenn es nur schön verwandt wird!‹«

9 – Staatsregierung

V: ZEITFOLGE DER ZIELE

Der Meister fuhr durch We. Jan Yu lenkte (den Wagen). Der Meister sprach: »Wie zahlreich ist (das Volk)!« Jan Yu sprach: »Wenn es so zahlreich ist, was könnte man noch hinzufügen?« (Der Meister) sprach: »Es wohlhabend machen.« (Jan Yu) sprach: »Und wenn es wohlhabend ist, was kann man noch hinzufügen?« (Der Meister) sprach: »Es bilden.«

---

[50] Der Begründer des Staates Lu war der bekannte Dschou Gung, der Bruder des ersten Königs der Dschou-Dynastie, Wu. Das Fürstentum We wurde einem andern Bruder, Kang Schu, übertragen. Dieses brüderliche Verhältnis der Fürsten ist für Konfuzius ein Bild für die Übereinstimmung in ursprünglicher Blüte und späterem Verfall, der sich in beiden Staaten zeigte.

10 – Selbstbeurteilung

Der Meister sprach: »Wenn nur jemand wäre, der mich verwendete! Nach Ablauf von zwölf Monden sollte es schon angehen, und nach drei Jahren sollte alles in Ordnung sein.«

11 – Erfolg des Talentes

Der Meister sprach: »(Es gibt ein Wort): ›Wenn tüchtige Menschen hundert Jahre ein Land leiten würden, so könnte man mit den Verbrechen fertig werden ohne Todesstrafe.‹ Das ist ein wahres Wort.«[51]

12 – Erfolg des berufenen Genius

Der Meister sprach: »Wenn ein König käme, so wäre nach einem Menschenalter die Sittlichkeit erreicht.«

13 – Selbstbeherrschung die Grundlage der Regierung

Der Meister sprach. »Wer sich selbst regiert, was sollte der (für Schwierigkeiten) haben, bei der Regierung tätig zu sein? Wer sich selbst nicht regieren kann, was geht den das Regieren von andern an?«

14 – Nebenregierung

Meister Jan kam vom Hofe zurück. Der Meister sprach: »Warum so spät?« Er erwiderte: »Es gab Regierungsarbeit.« Der Meister sprach: »Es wurden wohl Geschäfte (gemacht). Wenn es Regierungsarbeit gab, so hätte ich, obwohl nicht im Dienst, doch sicher davon gehört.«

15 – Das Geheimnis der Blüte und des Untergangs der Staaten

Fürst Ding fragte: »Mit einem Wort des Staates Blüte befassen: kann man das?« Meister Konfuzius erwiderte: »Ein Wort kann so weit nicht reichen. Doch gibt es ein Wort der Leute: ›Herrscher sein ist schwer, Kanzler sein nicht leicht.‹ Wenn man die Schwierigkeit des

---

[51] ›... ein wahres Wort‹: Abschnitt 11 und 12 behandeln wieder den Unterschied in der Wirksamkeit eines Talents, das – außerhalb der Tradition und ohne Fühlung mit den göttlichen Ordnungen der Vergangenheit – immerhin einige äußere Erfolge zu erreichen vermag, und dem berufenen Genius, der wirklich erlösend wirken kann.

Herrscherberufs kennt, ist dann nicht ein Wort nahe daran, des Staates Blüte zu befassen?«

(Fürst Ding) sprach: »Mit einem Wort des Staates Untergang befassen: kann man das?« Meister Konfuzius erwiderte: »Ein Wort kann so weit nicht reichen. Doch gibt es ein Wort der Leute: ›Es freut mich nicht, ein Fürst zu sein, außer wenn in seinen Worten mir niemand widerspricht.‹ Wenn er tüchtig ist und niemand ihm widerspricht: dann ist es ja auch ganz gut; wenn er (aber) nicht tüchtig ist, und niemand ihm widerspricht: ist dann nicht ein Wort nahe daran, des Staates Untergang zu befassen?«

16 – Staatsregierung
VI: NACH IHREN FRÜCHTEN

Der Fürst von Schê fragte nach dem Wesen der Regierung. Der Meister sprach: »Wenn die Nahen erfreut werden und die Fernen herankommen.«

17 – Staatsregierung
VII: DAUERNDER ERFOLG

Dsï Hia war Beamter von Gü Fu und fragte nach der (rechten Art der) Regierung. Der Meister sprach: »Man darf keine raschen (Erfolge) wünschen und darf nicht auf kleine Vorteile sehen. Wenn man rasche Erfolge wünscht, so (erreicht man) nichts Gründliches; wenn man auf kleine Vorteile aus ist, so bringt man kein großes Werk zustande.«

18 – Aufrichtigkeit und Pietät

Der Fürst von Schê redete mit Meister Konfuzius und sprach: »Bei uns zulande gibt es ehrliche Menschen. Wenn jemandes Vater ein Schaf entwendet hat, so legt der Sohn Zeugnis ab (gegen ihn).« Meister Konfuzius sprach: »Bei uns zulande sind die Ehrlichen verschieden davon. Der Vater deckt den Sohn und der Sohn deckt den Vater. Darin liegt auch Ehrlichkeit.«

19 – Sittlichkeit: Ehrfurcht und Gewissenhaftigkeit

Fan Tschï fragte nach (dem Wesen) der Sittlichkeit. Der Meister sprach: »Wenn du (allein) weilst, sei ernst, wenn du Geschäfte besorgst, sei ehrfürchtig, wenn du mit andern verkehrst, sei gewissenhaft. Selbst wenn du zu den Barbaren des Ostens oder Nordens kommst, darfst du dieses (Betragen) nicht verlassen.«

20 – Verschiedene Stufen von Gebildeten

Dsï Gung fragte und sprach: »Wie muss einer sein, um ihn einen Gebildeten nennen zu können?« Der Meister sprach: »Wer in seinem persönlichen Benehmen Ehrgefühl hat, und wer, entsandt in die vier Himmelsrichtungen, dem Auftrag seines Fürsten keine Schande macht, den kann man einen Gebildeten nennen. « (Dsï Gung) sprach: »Darf ich fragen, was die nächste Stufe ist?« (Der Meister) sprach: »Wen seine Verwandten gehorsam nennen, und wen seine Landsleute brüderlich nennen.« (Dsï Gung) sprach: »Darf ich fragen, was die nächste Stufe ist?« Der Meister sprach: »Wer sein Wort unter allen Umständen hält, wer seine Arbeiten unter allen Umständen fertig macht; solche Leute mögen hartköpfige Pedanten sein, dennoch stehen sie vielleicht auf der nächsten Stufe.« (Dsï Gung) sprach: »Und zu welcher (Klasse) gehören die Regierenden von heute?« Der Meister sprach: »Ach, Männer des Scheffels und des Eimers, wie wären sie es wert, mitgezählt zu werden!«

21 – Wer ist zum Jünger geschickt?

Der Meister sprach: »Wenn ich keine (Leute) finde, die in der Mitte wandeln, um mit ihnen zu sein, so will ich wenigstens (Leute) von Enthusiasmus und Entschiedenheit. Die Enthusiasten schreiten fort und sind aufnahmefähig. Die Entschiedenen haben Grenzen, die sie nicht überschreiten.«

22 – Fluch der Unbeständigkeit

Der Meister sprach: »Die Leute im Süden haben ein Sprichwort, das heißt: ›Ein Mensch, der nicht beständig ist, der ist nicht geeignet, um Zauber oder Heilkunst zu betreiben.‹ Das ist ein wahres (Wort)!«
(Im Buch der Wandlungen steht:) »Wer nicht beständig macht seinen Geist, der wird Beschämung empfangen.« Der Meister sprach: »Man beschäftigt sich nicht mit der Prophezeiung, das ist es.«

23 – Der Edle und der Gemeine im Umgang mit anderen

Der Meister sprach: »Der Edle ist friedfertig, aber macht sich nicht gemein. Der Unedle macht sich gemein, aber ist nicht friedfertig.«

24 – Die Liebe und der Hass der andern

Dsï Gung fragte und sprach: »Wen seine Landsleute lieben, wie ist der?« Der Meister sprach: »Das sagt noch nichts.« »Wen seine Landsleute alle hassen, wie ist der?« Der Meister sprach: »Auch das sagt noch nichts. Besser ist's, wenn einen die Guten unter den Landsleuten lieben und die Nichtguten hassen.«

25 – Dienst und Gunst

Der Meister sprach: »Der Edle ist leicht zu bedienen, aber schwer zu erfreuen. (Sucht man) ihn zu erfreuen, aber nicht auf dem (rechten) Weg, so freut er sich nicht, aber in seiner Verwendung der Leute berücksichtigt er ihre Fähigkeiten. Der Gemeine ist schwer zu bedienen, aber leicht zu erfreuen. (Sucht man) ihn zu erfreuen, wenn auch nicht auf dem (rechten) Weg, so freut er sich, aber in seiner Verwendung der Leute sucht er Vollkommenheit.«

26 – Stolz und Hochmut

Der Meister sprach: »Der Edle ist stolz, aber nicht hochmütig. Der Gemeine ist hochmütig, aber nicht stolz.«

27 – Günstige Naturveranlagung

Der Meister sprach: »Feste Entschlossenheit, verbunden mit einfacher Wortkargheit, steht der Sittlichkeit nahe.«

28 – Eigenschaften des Gemüts, die dem Gebildeten wesentlich sind

Dsï Lu fragte und sprach: »Wie muss einer sein, um ihn einen Gebildeten nennen zu können?« Der Meister sprach: »Einer, der solide, gründlich und freundlich ist, den kann man einen Gebildeten nennen. Als Freund solide und gründlich, als Bruder freundlich.«

29 – Volkserziehung und kriegerische Tüchtigkeit

Der Meister sprach: »Wenn ein tüchtiger Mann ein Volk sieben Jahre lang erzieht, so mag er es auch benutzen, um die Waffen zu führen.«

30 – Mangel der Volkserziehung rächt sich im Krieg

Der Meister sprach: »Ein Volk ohne Erziehung in den Krieg führen, das heißt, es dem Untergang weihen.«

BUCH XIV

Dieses Buch, mit seinen 47 Abschnitten das längste der ganzen Sammlung, wird von verschiedenen chinesischen Kommentatoren einem unmittelbaren Schüler Konfuzius', dem Yüan Hiën (literarische Bezeichnung Dsï Sï), zugeschrieben. Als Beweis dafür wird angeführt, dass der erste Abschnitt des Buches mit dem Vornamen des genannten Schülers beginnt, was sonst, wenn die Schüler redend eingeführt werden, nie der Fall ist. Der Inhalt des Buchs würde dazu stimmen; denn neben verschiedenen prinzipiellen Äußerungen sind auch eine Reihe von Urteilen des Meisters über Männer der Geschichte und Zeitgenossen überliefert. Außerdem auch verschiedene persönliche Anekdoten aus dem Privatleben Konfuzius', die auf eine vertrautere Quelle zurückzugehen scheinen. Über die Person des Yüan Hiën ist nicht sehr viel bekannt, nicht einmal, ob er aus dem Staate Lu oder aus Sung war, lässt sich sicher feststellen. Nach des Meisters Tod zog er sich nach We zurück, wo er unbekümmert um den Weltlauf in stiller Zurückgezogenheit an seiner persönlichen Kultur arbeitete. Eine charakteristische Geschichte wird von dem taoistischen Philosophen Dschuang Dsï über ihn erzählt. Dsï Gung, der sich in hoher amtlicher Stellung befand, sprach in pompöser Weise bei ihm vor. Yüan Hiën empfing ihn in ärmlicher, zerrissener Kleidung. Dsï Gung fragte ihn darauf, ob er übel dran sei, worauf er antwortete: »Ich habe gehört, dass, wer kein Geld hat, arm sei; wer aber die Wahrheit sucht und nicht imstande ist, sie zu finden, übel dran sei.« Auf diese Antwort hin habe Dsï Gung sich verlegen zurückgezogen. *[Vorbemerkung des Übersetzers]*

1 – Schande

Hiën fragte, (was) Schande (sei). Der Meister sprach: »Ist ein Land auf rechter Bahn, (so habe man sein) Einkommen. Ist ein Land nicht auf rechter Bahn, (und man genießt dennoch ein amtliches) Einkommen: das ist Schande.«

2 – Das Schwierige ist darum noch nicht sittlich

»Herrschsucht, Prahlerei, Groll, Begierde nicht gehen lassen: das kann für sittlich gelten.« Der Meister sprach: »Das kann für schwierig gelten, ob sittlich: das weiß ich nicht.«

3 – Nicht hinter dem Ofen sitzen

Der Meister sprach: »Ein Gebildeter, der es liebt, (zu Hause) zu bleiben, ist nicht wert, für einen Gebildeten zu gelten.«

4 – Lebensklugheit

Der Meister sprach: »Wenn das Land aufrechter Bahn ist, (mag man) kühn in seinen Worten sein und kühn in seinen Taten. Wenn das Land nicht auf rechter Bahn ist, (soll man) kühn in seinen Taten sein, aber vorsichtig in seinen Worten.«

5 – Ausdruck und Innerlichkeit

Der Meister sprach: »Wer Geist hat, hat sicher auch das (rechte) Wort, aber wer Worte hat, hat darum noch nicht notwendig Geist. Der Sittliche hat sicher auch Mut, aber der Mutige hat noch nicht notwendig Sittlichkeit.«

6 – Nicht Macht, sondern Geist ererbt das Erdreich

Nan Gung Go fragte den Meister Konfuzius und sprach: »J war tüchtig im Bogenschießen, Au konnte ein Schiff ziehen. Alle beide fanden nicht ihren (natürlichen) Tod. Yü und Dsi bestellten eigenhändig das Feld, und doch bekamen sie das Reich.« Der Meister antwortete nicht. Nan Gung Go ging hinaus. Der Meister sprach: »Ein Edler wahrlich ist dieser Mann, die Kraft des Geistes schätzt wahrlich dieser Mann.«

7 – Geistige Bedeutung und Sittlichkeit

Der Meister sprach: »Edle, die doch nicht sittlich sind, ja, das gibt es; nicht gibt es (aber) Gemeine, die doch sittlich wären.«

8 – Die rechte Liebe

Der Meister sprach: »Wenn man einen liebt, ist es dann möglich, dass man nicht für ihn besorgt ist? Wenn einer gewissenhaft ist, wie wäre es dann möglich, (seinen Fürsten) nicht zu belehren?«

9 – Sorgfalt bei der Herstellung amtlicher Schriftstücke

Der Meister sprach: »Bei amtlichen Schriftstücken machte Bi Schen den ungefähren Entwurf; Schï Schu verbesserte und erwog; der

Minister des Auswärtigen, Dsï Yü, ordnete den Stil; Dsï Tschan von Dung Li (Ostdorf) gab dem Ganzen den letzten Schliff.«

10 – Urteile über Zeitgenossen
I: DSÏ TSCHAN, DSÏ SI, GUAN DSCHUNG

Es fragte jemand, (was von) Dsï Tschan (zu halten sei). Der Meister sprach: »Er ist ein gütiger Mann.« (Der Betreffende) fragte, (was von) Dsï Si (zu halten sei. Der Meister) sprach: »Wahrlich der, wahrlich der!« (Der Betreffende) fragte, (was von) Guan Dschung (zu halten sei. Der Meister) sprach: »Das ist ein Mann. Als er der Familie Be die Stadt Biën mit dreihundert (Familien) weggenommen hatte, (sodass der frühere Besitzer nur noch) gewöhnlichen Reis zu essen hatte, bis er keine Zähne mehr hatte, (äußerte dieser) kein Wort des Grolls (gegen ihn).«

11 – Würdiges Ertragen der Armut

Der Meister sprach: »Arm sein, ohne zu murren, ist schwer. Reich sein, ohne hochmütig zu werden, ist leicht.«

12 – Urteile über Zeitgenossen
II: MONG GUNG TSCHO

Der Meister sprach: »Mong Gung Tscho wäre als Hausbeamter der Familien Dschau oder We vorzüglich, aber er könnte nicht Minister sein in Tong oder Sië.«

13 – Der vollkommene Mensch

Dsï Lu fragte, (wer ein) vollkommener Mensch (sei und) (Der Meister) sprach: »Wenn jemand das Wissen von Dsang Wu Dschung, die Selbstlosigkeit von Gung Tscho, den Mut des Herren Dschuang von Biën die Geschicklichkeit von Jan Kiu besäße, und das alles gestaltet durch die Gesetze der Moral und Musik, der könnte doch sicher wohl für einen vollkommenen Menschen gelten.«

Der Meister sprach: »Ein vollkommener Mensch von heute, was braucht der all das? Wer angesichts des Gewinns auf Pflicht denkt, wer angesichts der Gefahr sein Leben opfert, bei alten Abmachungen die Worte seiner Jugend nicht vergisst, der kann auch für einen vollkommenen Menschen gelten.«

14 – Urteile über Zeitgenossen
III: GUNG SCHU WEN DSÏ

Der Meister befragte den Gung Ming Gia über Gung Schu Wen Dsï und sprach: »Ist es wahr, dass euer Meister nicht redet, nicht lacht, nichts nimmt?« Gung Ming Gia erwiderte und sprach: »Das ist durch die Erzähler übertrieben. Mein Meister redet, wenn es Zeit ist, darum werden die Menschen seiner Rede nicht überdrüssig. Er lacht, wenn er fröhlich ist, darum werden die Menschen seines Lachens nicht überdrüssig. Er nimmt, wenn es sich mit der Billigkeit verträgt, darum werden die Menschen seines Nehmens nicht überdrüssig.« Der Meister sprach: »So ist er? Wie kann er so sein!«

15 – Urteile über Zeitgenossen
IV: DSANG WU DSCHUNG[52]

Der Meister sprach: »Dsang Wu Dschung stützte sich auf Fang und bat so (den Fürsten von) Lu, einen Nachfolger (für ihn) zu bestellen. Obwohl man sagt, er habe keinen Druck auf den Fürsten ausgeübt, so glaube ich es nicht.«

16 – Urteile über Zeitgenossen
V: WEN VON DSIN UND HUAN VON TSI

Der Meister sprach: »Fürst Wen von Dsin war hinterlistig und nicht aufrichtig. Fürst Huan von Tsi war aufrichtig und nicht hinterlistig.«

---

[52] Dsang Wu Dschung hatte, da er mit der Familie Mong in Feindschaft lebte, den Staat Lu und sein dortiges Lehen, die Stadt Fang, verlassen müssen und war in den Staat Dschu geflohen. Da er jedoch Familienhaupt war und ohne ihn die Ahnenopfer unterblieben, so kehrte er zurück, besetzte seine Stadt Fang und sandte an den Fürsten die Bitte, einen Nachfolger für ihn einzusetzen. »Dann werde er nicht wagen, gewaltsam den Platz festzuhalten, sondern gutwillig gehen.« Konfuzius hat wohl recht über ihn.

17 – Urteile über Zeitgenossen
VI: GUAN DSCHUNG

Dsï Lu sprach: »Der Fürst Huan tötete den Fürstensohn Giu (seinen Bruder). Da starb auch Schau Hu mit ihm. Guan Dschung tötete sich nicht, (kann da man nicht) sagen, dass er nicht auf der (Höhe der) Sittlichkeit stand?« Der Meister sprach:

»Dass der Fürst Huan die Lehnsfürsten versammeln (konnte), und das nicht mit Waffen und Wagen: das war der Einfluss Guan Dschungs. Wie (hoch steht) seine Sittlichkeit! Wie (hoch steht) seine Sittlichkeit!«

18 – Urteile über Zeitgenossen
VII: GUAN DSCHUNG

Dsï Gung sprach: »Guan Dschung ist doch wohl nicht sittlich vollkommen. Als der Fürst Huan den Fürstensohn Giu tötete, da konnte er (es) nicht (über sich bringen, mit diesem zu) sterben, ja er wurde dazuhin sein (Huans) Kanzler.« Der Meister sprach: »Weil Guan Dschung der Kanzler des Fürsten Huan wurde, konnte dieser die Leitung über die Lehensfürsten übernehmen und das Reich einigen und in Ordnung bringen. Das Volk genießt noch bis auf den heutigen Tag seine Gaben. Ohne Guan Dschung würden wir die Haare ungebunden tragen und die Kleider nach links knöpfen.[53] Was soll da die kleine Treue eines gewöhnlichen Liebhabers und seiner Geliebten, die sich selbst töten im Bach oder Graben, ohne dass man etwas von ihnen weiß!«

19 – Urteile über Zeitgenossen
VIII: GUNG SCHU WEN DSÏ

Der Beamte des Gung Schu Wen Dsï, der (spätere) Minister Dschu-an, stieg gemeinsam mit Wen Dsi (die Stufen) zum (Palast des) Fürsten hinauf. Der Meister hörte es und sprach: »Das kann für ›Wen‹ (vollendet, weise) gelten.«

---

[53] Die Kleider nach links geknöpft, das Haar ungebunden, in Zöpfe geflochten getragen, war nach Li Gi III, III, 14 die Sitte der östlichen J-Barbaren und der westlichen Jung-Barbaren, welch Letztere damals das Reich bedrohten.

20 – Urteile über Zeitgenossen

Der Meister sprach über den zuchtlosen Wandel des Fürsten Ling von We. Freiherr (Gi) Kang sprach: »Da das der Fall ist, was verliert er dann nicht (sein Reich)?« Meister Konfuzius sprach: »Er hat Dschung Schu Yü zur Besorgung des (diplomatischen Verkehrs mit) Gesandten und Fremden, er hat den Priester To zur Besorgung des (fürstlichen) Ahnentempels, der hat Wang Sun Gia zur Besorgung des Heerwesens. Da das der Fall ist, was sollte er (sein Reich) verlieren?«

21 – Worte und Taten I

Der Meister sprach: »Wenn jemand etwas redet ohne Schamgefühl, so wird er schwerlich es auch tun.«

22 – Fürstenmord[54]

Freiherr Tschen Tschong hatte (seinen) Fürsten Giën (von Tsi) ermordet. Meister Konfuzius badete sich und ging zu Hofe. Er zeigte es dem Fürsten Ai an und sprach: »Tschen Hong hat seinen Herren gemordet; ich bitte es zu ahnden.« Der Fürst (Ai) sprach: »Zeige es den drei Freiherren an.« Meister Konfuzius sprach: »Nachdem ich ein öffentliches Amt bekleidet habe, wagte ich es nicht, keine Anzeige zu erstatten. Und da spricht der Herr: ›Zeige es den drei Freiherren an.‹« Er ging zu den drei Freiherren und machte Anzeige. Es half aber nichts. Meister Konfuzius sprach: »Nachdem

---

[54] Fürstenmord: Der Vorfall fiel ins Jahr 481, zwei Jahre vor Konfuzius' Tod. Konfuzius' Meinung war, dass man nicht dulden dürfe, dass im Nachbarstaate eine solche Untat vorkomme, um nicht die öffentliche Moral zu gefährden. Darum demonstriert er auf solche Weise (Baden und Fasten war vor heiligen Handlungen üblich). Der Fürst Ai aber, machtlos in den Händen der drei Adelsgeschlechter (Gi, Mong und Schu), wagt nicht einzugreifen und verweist ihn an diese. Überaus taktvoll ist Konfuzius' Missbilligung darüber ausgedrückt. Dass er bei den Adelsgeschlechtern, die dieselben Tendenzen hatten wie der Fürstenmörder im Nachbarstaat, kein Gehör finden werde, war ihm von Anfang an klar. Dennoch geht er hin.

ich ein öffentliches Amt bekleidet habe, wagte ich es nicht, keine Anzeige zu erstatten.«

23 – Fürstendienst

Dsï Lu fragte, wie man dem Fürsten diene. Der Meister sprach:»Ihn nicht betrügen und ihm widerstehen.«

24 – Der Edle und der Gemeine

I: ERFAHRUNG

Der Meister sprach:»Der Edle ist erfahren in hohen (Dingen), der Gemeine ist erfahren in niedrigen (Dingen).«

25 – Verschiedener Zweck der Kenntnisse

Der Meister sprach:»Die Lernenden des Altertums taten es um ihrer selbst willen, die Lernenden von heute um der Menschen willen.«

26 – Ein guter Bote

Gü Be Yü sandte einen Mann zu Meister Konfuzius. Meister Konfuzius lud ihn ein zu sitzen und fragte ihn aus und sprach:»Was macht (dein) Meister?« (Jener) erwiderte und sprach:»Mein Meister« wünscht seine Fehler zu verringern, aber er bringt es noch nicht fertig.« Der Bote ging weg, da sprach der Meister.»Das ist ein Bote! Das ist ein Bote!«

27 – Gegen Kamarillawirtschaft[55]

Der Meister sprach:»Wer nicht das Amt dazu hat, der kümmere sich nicht um die Regierung.«

28 – Bescheidenheit

Meister Dsong sprach.»Der Edle geht in seinem Denken nicht über seine Stellung hinaus.«

29 – Worte und Taten II

Der Meister sprach:»Der Edle schämt sich davor, dass seine Worte seine Taten übertreffen.«

---

[55] (von span. ›camarilla‹ = ›Kämmerchen‹), meint inoffizielles, privates Nebenkabinett, Schattenkabinett, ›Küchenkabinett‹

30 – Der dreifache Weg des Edlen

Der Meister sprach: »Zum Pfad des Edlen gehören drei Stücke, die ich nicht kann: Sittlichkeit macht ihn frei von Leid, Weisheit macht ihn frei von Zweifeln, Entschlossenheit macht ihn frei von Furcht.« Dsï Gung sprach: »Das hat der Meister selbst gesagt.«

31 – Richtet nicht

Dsï Gung (pflegte) die Menschen (untereinander) zu vergleichen. Der Meister sprach: »Sï[56] muss ja wahrlich sehr würdig sein! Ich habe zu so etwas keine Zeit.«

32 – Grund zum Kummer

Der Meister sprach: »Nicht kümmere ich mich darüber, dass die Menschen mich selbst nicht kennen, sondern darüber, dass sie nicht fähig sind (das Reich zu reformieren).«

33 – Argloses Wissen

Der Meister sprach: »Nicht begegnen dem Betrug und nicht sich rüsten auf Unglauben und dennoch sie auch vorausfühlen. Wer das (kann), der dürfte ein Würdiger sein.«

34 – Selbstverteidigung

We-Schong Mou redete zu Meister Konfuzius und sprach: »Kiu, warum (treibst du dich immer) so aufgeregt (umher)? Du willst dich wohl im Wortemachen (üben)?« Meister Konfuzius sprach: »Ich wage es nicht, bloße Worte zu machen, aber ich hasse beschränkte Hartnäckigkeit.«

35 – Das Ross

Der Meister sprach: »An einem Ross schätzt man nicht die Stärke, sondern die Rasse.«

36 – Vergeltung

Es sprach jemand: »Durch Güte Unrecht zu vergelten, wie ist das?« Der Meister sprach: »Womit soll man dann Güte vergelten? Durch Geradheit vergelte man Unrecht, durch Güte vergelte man Güte.«

---

56 Sï: Der Rufname Dsï Gungs

37 – Ergebung in das Schicksal

Der Meister sprach: »Es gibt keinen, der mich kennt!« Dsï Gung sprach: »Was heißt das, dass niemand den Meister kenne?« Der Meister sprach: »Ich murre nicht wider Gott und grolle nicht den Menschen. Ich forsche hier unten, aber ich dringe durch nach oben. Wer mich kennt, das ist Gott.«

38 – Ergebung in das Schicksal

Gung Be Liau hatte Dsï Lu bei dem Freiherrn Gi verleumdet. Der Graf Dsï-Fu Ging zeigte es (dem Meister) an und sprach: »Unser Herr ist allerdings in seiner Meinung irregeleitet worden, aber was den Gung Be Liau anlangt, so reicht meine Macht aus, es dahin zu bringen, dass (sein Leichnam) bei Hofe oder auf dem Markt ausgestellt wird.« Der Meister sprach: »Wenn die Wahrheit sich ausbreiten soll, so ist das (Gottes) Wille; wenn die Wahrheit untergehen soll, so ist das Gottes Wille. Was kann der Gung Be Liau gegen den Willen Gottes?«

39 – Weltflucht

Der Meister sprach: »Die Würdigsten ziehen sich von der Welt zurück. Die Nächstfolgenden ziehen sich von einem bestimmten Ort zurück. Die Nächstfolgenden ziehen sich vor (unfreundlichen) Mienen zurück. Die Nächstfolgenden ziehen sich vor Worten zurück.«

40 – Kulturschöpfer

Der Meister sprach: »Sieben Männer gibt es, die geschaffen haben.«[57]

41 – Am Steintor

Dsï Lu übernachtete am Steintor. Der Türmer sprach: »Woher?« Dsï Lu sprach: »Von einem namens Konfuzius.« Da sprach (jener): »Ist

---

[57] Die sieben Kulturschöpfer sind wohl 1. Yau, 2. Schun, 3. Yü, 4. Tang, 5. König Wen, 6. König Wu, 7. Dschou Gung.

das nicht der (Mann), der weiß, dass es nicht geht, und dennoch fort macht?«

42 – Des Meisters Musik und der Eremit

Der Meister spielte im (Staate) We auf dem Musikstein. Da ging ein Mann mit einem Strohkorb auf der Schulter an der Tür Konfuzius' vorüber und sprach: »Wahrlich, er hat es im Herzen, der (da) den Musikstein spielt!« Nach einer Weile da sprach er: »Wahrlich verächtlich ist dieses hartnäckige Gebimmel. Wenn einen niemand kennt, so lässt man es sein, und damit fertig. ›Durch tiefes, tiefes Wasser muss man mit den Kleidern durch, durch seichtes Wasser kann man mit aufgeschürzten Kleidern waten.‹« Der Meister sprach: »Wahrlich, das ist Entschiedenheit, (aber) dabei ist keine Schwierigkeit.«

43 – Hoftrauer

Dsï Dschang sprach: »Im ›Buch‹ steht: ›Gau Dsung weilte im Trauerzelt und sprach drei Jahre lang kein Wort.‹ Was bedeutet das?« Der Meister sprach: »Warum (nennst du) gerade Gau Dsung? Die Alten machten es alle so. Wenn der Fürst verschieden war, so besorgten die hundert Beamten das Ihrige, indem sie auf den Kanzler hörten drei Jahre lang.«

44 – Macht der Kultur

Der Meister sprach: »Wenn die Oberen Kultur lieben, so ist das Volk leicht zu verwenden.«

45 – Der Edle: Ausbildung der Persönlichkeit

Dsï Lu fragte nach dem (Wesen des) Edlen. Der Meister sprach: »Er bildet sich selbst aus (sittlichem) Ernst.« (Dsï Lu) sprach: »Ist es damit schon fertig?« (Der Meister) sprach: »Er bildet sich selbst, um andern Frieden zu geben.« (Dsï Lu) sprach: »Ist es damit schon fertig?« (Der Meister) sprach: »Er bildet sich selbst, um den hundert Namen Frieden zu geben. Sich selbst bilden, um den hundert Namen Frieden zu geben: selbst Yau und Schun machte das noch Schwierigkeiten.«

46 – Der alte Yüan

(Yüan Jang blieb auf dem Boden) hocken, als er (auf den Meister) wartete. Der Meister sprach: »In der Jugend war er nicht folgsam und bescheiden, erwachsen hat er nichts (Bemerkenswertes) geleistet, jetzt ist er alt und stirbt nicht einmal: das ist ein (Tag-)dieb.« Damit nahm er seinen Stab und schlug ihm auf den Schenkel.

47 – Der Junge aus Küo

Ein Junge aus der Gegend von Küo war (bei dem Meister) angestellt, um Gäste zu melden. Es fragte jemand über ihn und sprach: »Macht er Fortschritte?« Der Meister sprach: »Ich sehe, dass er sich immer auf den Platz (eines Erwachsenen) setzt, ich sehe, dass er älteren Personen nicht den Vortritt lässt: er strebt nicht danach, Fortschritte zu machen, er will es rasch zu etwas bringen.«

BUCH XV

Das Buch schließt sich in der ganzen Art einigermaßen an das vorige an, wenn es auch mehr einzelne Aphorismen enthält als jenes und weniger historische Beziehungen. Ebenso wie das letzte Buch enthält es eine Reihe von Aussprüchen, die für die Feststellung der Lehre Konfuzius' von grundlegender Wichtigkeit sind. *[Vorbemerkung des Übersetzers]*

1 – Der Meister in We und Tschen

Der Fürst Ling von We fragte den Meister Konfuzius nach (dem Wesen) der Schlachtordnung. Meister Konfuzius erwiderte und sprach: »Was Opferplatten- und Opferschalenangelegenheiten betrifft, so habe ich davon gehört. Heeres- und Truppenangelegenheit habe ich noch nicht gelernt.« Daraufhin reiste er am folgenden Tage ab.

In Tschen gingen die Lebensmittel aus. Die Nachfolger wurden so schwach, dass sie nicht aufstehen konnten. Dsï Lu erschien murrend (bei dem Meister) und sprach: »Gibt es für den Edlen auch (Zeiten der) Not?« Der Meister sprach: »Der Edle bleibt fest in der Not. Wenn der Gemeine in Not kommt, so wird er trotzig.«

2 – Die Summe des Wissens

Der Meister sprach: »Sï, du hältst mich wohl für einen, der Vieles gelernt hat und es auswendig kann?« Er erwiderte und sprach: »Ja, ist es nicht so?« (Der Meister) sprach: »Es ist nicht so; ich habe Eines, um (alles) zu durchdringen.«

3 – Die Macht des Geistes

Der Meister sprach: »Yu, Wenige sind ihrer, die die Macht des Geistes kennen.«

4 – Vom Nicht–tun

Der Meister sprach: »Wer ohne etwas zu tun (das Reich in) Ordnung hielt, das war Schun. Denn wahrlich: was tat er? Er wachte ehrfürchtig über sich selbst und wandte ernst das Gesicht nach Süden, nichts weiter!«[58]

5 – Geheimnis des Erfolgs

Dsï Dschang fragte nach (den Bedingungen des) Vorwärtskommens. Der Meister sprach: »Im Reden gewissenhaft und wahr sein, im Handeln zuverlässig und sorgfältig sein: ob man auch unter den Barbaren des Südens oder Nordens weilt, damit wird man vorwärtskommen. Wenn man aber im Reden nicht gewissenhaft und wahr ist und im Handeln nicht zuverlässig und sorgfältig: ob man auch in der nächsten Nachbarschaft bleibt: kann man damit überhaupt vorwärtskommen? Wenn man steht[59], so sehe man diese Dinge wie das Zweigespann vor sich, wenn man im Wagen sitzt, so sehe man sie wie die Seitenwände neben sich. Auf diese Weise wird man vorwärtskommen.« Dsï Dschang schrieb es sich auf seinen Gürtel.

---

[58] Dieses Nicht-tun (Wu We) spielt auch in der taoistischen Philosophie eine große Rolle. Der Sinn ist der, dass, wie der Himmel ohne irgend eine sinnfällige Äußerung die ganze Welt in ihrem regelmäßigen Gang erhält nur durch die stille Wirksamkeit des ewigen Gesetzes der Vernunft (Tao), so auch der Mensch, der zum Herrscher berufen ist, nur durch die geistige Schwerkraft seines Wesens alles in Ordnung halte. Konfuzius stimmt in diesem Punkt vollkommen mit Lao Dsï überein.

[59] Das Gleichnis ist von einem Wagen genommen, wie aus der zweiten Hälfte unzweifelhaft hervorgeht.

6 – Urteil über Zeitgenossen

Der Meister sprach: »Gerade wahrlich war der Geschichtsschreiber Yü! Wenn das Land in Ordnung war, so war er wie ein Pfeil; wenn das Land ohne Ordnung war, so war er wie ein Pfeil.«

»Ein Edler ist wahrlich Gü Be Yü! Wenn das Land in Ordnung ist, so ist er im Amt; wenn das Land ohne Ordnung ist, so kann er (sein Wissen) zusammenrollen und es im Busen verbergen.«

7 – Worte und Menschen
Der Meister sprach: »Trifft man einen, mit dem zu reden es sich verlohnte, und redet nicht mit ihm, so hat man einen Menschen verloren. Trifft man einen, mit dem zu reden sich nicht verlohnt, und redet doch mit ihm, so hat man seine Worte verloren. Der Weise verliert weder einen Menschen noch seine Worte.«

8 – Das Leben ist der Güter höchstes nicht
Der Meister sprach: »Ein willensstarker Mann von sittlichen Grundsätzen strebt nicht nach Leben auf Kosten seiner Sittlichkeit. Ja es gab solche, die ihren Leib in den Tod gaben, um ihre Sittlichkeit zu vollenden.«

9 – Der Weg zur Sittlichkeit
Dsï Gung fragte, (was man tun müsse) um sittlich vollkommen zu werden. Der Meister sprach: »Ein Arbeiter, der seine Arbeit recht machen will, muss erst seine Werkzeuge schleifen. Wenn du in einem Lande wohnst, so diene dem Würdigsten unter seinen Großen und mache dir die Besten unter seinen Gelehrten zu Freunden.«

10 – Regierungsgrundsätze
Yen Yüan fragte nach (den Grundsätzen für die) Regierung eines Landes. Der Meister sprach: »In der Zeiteinteilung der Hia-Dynastie folgen, im Staatswagen der Yin-Dynastie fahren, die Kopfbedeckung der Dschou-Dynastie tragen. Was die Musik anlangt, so nehme man die Schaumusik mit ihren rhythmischen Bewegungen. Den Klang der Dschong(musik) verbieten und beredte Menschen fernhalten; denn der Klang der Dschong(musik) ist ausschweifend, und beredte Menschen sind gefährlich.«

11 – Vorbedacht

Der Meister sprach: »Wer nicht das Ferne bedenkt, dem ist Betrübnis nahe.«

12 – Himmlische und irdische Liebe

Der Meister sprach: »Es ist alles aus! Ich habe noch keinen gesehen, der moralischen Wert liebt ebenso, wie er die Frauenschönheit liebt.«

13 – Urteile über Zeitgenossen

II: DSANG WEN DSCHUNG

Der Meister sprach: »Dsang Wen Dschung, das ist einer, der seinen Platz gestohlen hat. Er kannte die Würdigkeit des Hui von Liu Hia und hat ihm doch keine Stellung verschafft.«

14 – Vermeidung von Groll

Der Meister sprach: »Wenn man selbst (lieber) zu viel tut und wenig von andern erwartet, so bleibt man fern vom Groll.«

15 – Wichtigkeit des eignen Denkens

Der Meister sprach: »Wer nicht spricht: Wie kann ich das machen? Wie kann ich das machen? – mit dem kann ich nichts machen.«

16 – Trivialität

Der Meister sprach: »Herdenweise zusammensitzen den ganzen Tag, ohne dass die Rede die Pflicht berührt; es lieben, kleine Schlauheiten auszuführen: wahrlich (mit denen hat man es) schwer.«

17 – Der Edle

I: HANDLUNGSWEISE

Der Meister sprach: »Die Pflicht als Grundlage, Anmut beim Handeln, Bescheidenheit in den Äußerungen, Treue in der Durchführung: wahrlich so ist ein Edler!«

18 – Der Edle

II: GRUND ZUM KUMMER

Der Meister sprach: »Der Edle leidet darunter, dass er keine Fähigkeiten hat, er leidet nicht darunter, dass die Menschen ihn nicht kennen.«

19 – Der Edle

Der Meister sprach: »Der Edle hasst (den Gedanken), die Welt zu verlassen, ohne dass sein Name genannt wird.«

20 – Der Edle

Der Meister sprach: »Der Edle stellt Anforderungen an sich selbst, der Gemeine stellt Anforderungen an die (andern) Menschen.«

21 – Der Edle

Der Meister sprach: »Der Edle ist selbstbewusst, aber nicht streitsüchtig, umgänglich, aber macht sich nicht gemein.«

22 – Der Edle

Der Meister sprach: »Der Edle wählt nicht nach ihren Worten die Menschen und verwirft nicht nach den Menschen ihre Worte.«

23 – Praktischer Imperativ

Dsï Gung fragte und sprach: »Gibt es ein Wort, nach dem man das ganze Leben hindurch handeln kann?« Der Meister sprach: »Die Nächstenliebe. Was du selbst nicht wünschest, tu nicht an andern.«

24 – Gerechte Beurteilung

Der Meister sprach: »In meinem Verhältnis zu andern: Wen habe ich verleumdet, wen habe ich überschätzt? Wird einer (von mir) hochgeschätzt, so ist er erprobt. Diese (Behandlung der) Untertanen ist die gerechte Ordnung, die die drei Dynastien angewandt haben.«

25 – Einst und Jetzt

Der Meister sprach: »Ich habe noch erreicht (erlebt) eines Geschichtschreibers – Lücke im Text –. Wer ein Pferd hatte, lieh es andern zum Reiten. Heute gibt es das nicht mehr.«

26 – Schlauheit und Unverträglichkeit als Hindernisse

Der Meister sprach: »Geschickte Worte stören geistigen Wert. Ist man im Kleinen nicht nachsichtig, so stört man große Pläne.«

27 – Der Parteien Gunst und Hass

Der Meister sprach: »Wo alle hassen, da muss man prüfen; wo alle lieben, da muss man prüfen.«

28 – Die Wahrheit und ihre Vertreter

Der Meister sprach: »Die Menschen können die Wahrheit verherrlichen, nicht verherrlicht die Wahrheit die Menschen.«

29 – Fehler ohne Besserung

Der Meister sprach: »Einen Fehler machen und sich nicht bessern: das erst heißt fehlen.«

30 – Nachdenken und Lernen

Der Meister sprach: »Ich habe oft den ganzen Tag nicht gegessen und die ganze Nacht nicht geschlafen, um nachzudenken. Es nützt nichts; besser ist es, zu lernen.«

31 – Der Edle

VII: DIE VORNEHMSTE SORGE

Der Meister sprach: »Der Edle trachtet nach der Wahrheit, er trachtet nicht nach Speise. Beim Pflügen kann man in Not kommen; beim Lernen kann man zu Brot kommen. Der Edle trauert um der Wahrheit willen, er trauert nicht um der Armut willen.«

32 – Was ein Regent braucht

Der Meister sprach: » (Wenn einer) durch sein Wissen (ein Amt) erreicht hat, aber es nicht durch seine Sittlichkeit bewahren kann, so wird er es, obwohl er es erlangt hat, verlieren. Wenn einer durch sein Wissen es erreicht hat, durch seine Sittlichkeit es bewahren kann, aber bei seiner Ausübung keine Würde zeigt, so wird das Volk ihn nicht ehren. Wenn einer durch sein Wissen es erreicht hat, durch seine Sittlichkeit es bewahren kann, bei seiner Ausübung Würde zeigt, aber es nicht entsprechend dem Gesetz der schönen Form bewegt, so ist er noch nicht tüchtig.«

33 – Der Edle und der Gemeine

Der Meister sprach: »Den Edlen kann man nicht an Kleinigkeiten erkennen, aber er kann Großes übernehmen. Der kleine Mann kann nicht Großes übernehmen, aber man kann ihn in Kleinigkeiten erkennen.«

34 – Sittlichkeit als Lebenselement

Der Meister sprach: »Sittlichkeit ist noch mehr für die Menschen als Wasser und Feuer. Ins Feuer und Wasser habe ich schon Menschen treten sehen und daran sterben. Noch nie habe ich einen gesehen, der in die Sittlichkeit trat und daran starb.«

35 – Keinen Vortritt

Der Meister sprach: »Die Sittlichkeit ist jedes Menschen Pflicht. Hier darf man (sogar) dem Lehrer nicht den Vortritt lassen.«

36 – Der Edle

Der Meister sprach: »Der Edle ist beharrlich, aber nicht hartnäckig.«

37 – Gewissenhafter Fürstendienst

Der Meister sprach: »Im Dienst des Fürsten soll man sein Werk wichtig nehmen und sein Einkommen hintansetzen.«

38 – Jenseits der Standesunterschiede

Der Meister sprach: »Beim Lehren gibt es keine Standesunterschiede.«

39 – Prinzipielle Übereinstimmung als Grundlage für gemeinsame Arbeit

Der Meister sprach: »Wenn man in den Grundsätzen nicht übereinstimmt, kann man einander keine Ratschläge geben.«

40 – Deutlichkeit des Stils

Der Meister sprach: »Wenn man sich durch seine Rede verständlich macht, so ist der Zweck erreicht.«

41 – Der Meister und der blinde Musiker

Der Musikmeister Miën machte einen Besuch. Als er vor die Stufen kam, sprach der Meister: »Hier sind Stufen.« Bei der Matte angelangt, sprach der Meister: »Hier ist die Matte.« Als alle saßen, teilte es (ihm) der Meister mit und sprach: »Der und der ist hier, der und

der ist da.« Als der Musikmeister Miën hinausgegangen war, fragte
Dsï Dschang und sprach: »Ist das die Art, wie man mit einem Musikmeister zu reden hat?« Der Meister sprach: »Ja, sicherlich muss man
einem Musikmeister so behilflich sein.«[60]

BUCH XVI

1 – Ungerechter Feldzug

Das (Haupt des) Geschlechts Gi war im Begriff, einen Strafzug
gegen (die kleine Herrschaft) Dschuan Yü zu unternehmen. Jan Yu
und Gi Lu erschienen vor Meister Konfuzius und sprachen: »Das
(Haupt des) Geschlechtes Gi wird eine Unternehmung gegen
Dschuan Yü ausführen.« Meister Konfuzius sprach: »Kiu, bist nicht
du es, der diesen Fehler macht? Dieses Dschuan Yü ist vor alters
von den früheren Königen als Herr (der Opfer für den) Mongberg
im Osten ernannt, es gehört also zu den Lehnsgebieten und hat
priesterliche Funktionen; was habt ihr damit zu tun, es zu
bestrafen?«

Jan Yu sprach: »Unser Herr wünscht es! Wir zwei, die wir (seine)
Diener sind, wünschen es beide nicht.« Meister Konfuzius sprach:
»Kiu, es gibt ein Wort von Dschou Jen, das heißt: ›Wenn man seine
Kraft entfalten kann, so trete man in die Reihen; wenn man es nicht
kann, so halte man ein.‹ Wer den Gefährdeten nicht stützen kann
und dem Gefallenen nicht aufhelfen: wie kann man den als Führer
brauchen? Also sind deine Worte falsch. Wenn ein Tiger oder ein
Nashorn aus dem Käfig bricht, wenn eine Schildkrötenschale oder
ein Nephrit[61] in dem Schrein beschädigt wird: wessen Fehler ist
das?« Jan Yu sprach: »Nun ist aber Dschuan Yü stark und nahe bei
Bi; wenn man es heute nicht nimmt, so wird es in künftigen Zeiten
sicher den Söhnen und Enkeln Schmerzen bereiten.«

Meister Konfuzius sprach: »Kiu, der Edle hasst das, wenn man
unterlässt zu sagen: ›ich wünsche das‹ und durchaus andere Worte
gebraucht. Ich habe gehört, wer ein Reich oder ein Haus hat,

---

[60] Die Musiker waren zu jener Zeit alle Blinde, daher die rücksichtsvolle Art,
mit der Konfuzius ihm alles mitteilt, um ihm jede Verlegenheit zu ersparen.

[61] Schmuckstein; Mischkristall aus Tremolit und Aktinolith

braucht nicht besorgt zu sein, wenn es menschenleer ist, sondern er muss besorgt sein, wenn es nicht in Ordnung ist. Er braucht nicht besorgt zu sein, wenn es arm ist, sondern er muss besorgt sein, wenn es nicht in Ruhe ist. Denn wo Ordnung ist, da ist keine Armut, wo Eintracht ist, da ist keine Menschenleere, wo Ruhe ist, da ist kein Umsturz. Da nun dies so ist, so muss man, wenn die Menschen aus fernen Gegenden nicht gefügig sind, Kunst und Moral pflegen, um sie zum Kommen zu bewegen. Wenn man sie zum Kommen bewogen hat, so muss man ihnen Ruhe geben. Nun, Yu und Kiu, unterstützt ihr euren Herrn, aber die Menschen aus fernen Gegenden sind nicht gefügig, und er kann sie nicht zum Kommen bewegen. Im (eigenen) Land herrscht Zwiespalt, Ruin, Entfremdung und Unfrieden, und er kann es nicht bewahren. Dazuhin plant er, Schild und Speer zu erheben innerhalb des Staates. Ich fürchte, die Schmerzen der Enkel Gis werden nicht in Dschuan Yü sein, sondern in seinen eignen Mauern.«

2 – Der Niedergang des Reiches

Meister Konfuzius sprach: »Wenn der Erdkreis in Ordnung ist, so gehen Kultur und Kunst, Kriege und Strafzüge vom Himmelssohn aus. Ist der Erdkreis nicht in Ordnung, so gehen Kultur und Kunst, Kriege und Strafzüge von den Lehnsfürsten aus. Wenn sie von den Lehnsfürsten ausgehen, so dauert es selten länger als zehn Geschlechter, ehe sie (die Macht) verloren haben. Wenn sie von den Adelsgeschlechtern ausgehen, so dauert es selten länger als fünf Geschlechter, ehe sie (die Macht) verloren haben. Wenn die Dienstmannen die Herrschaft im Reich an sich reißen, so dauert es selten länger als drei Generationen, ehe sie sie verloren haben.

Wenn der Erdkreis in Ordnung ist, so ist die Leitung nicht in den Händen der Adelsgeschlechter. Wenn der Erdkreis in Ordnung ist, so gibt es unter den Massen des Volks kein Gerede.«

3 – Strafe der Usurpation

Meister Konfuzius sprach: »Das Recht der Beamtenernennung wurde von dem Fürstenhaus genommen seit fünf Geschlechtern. Die Regierung ist auf die Adelsgeschlechter gekommen seit vier

Geschlechtern. Deshalb sind der Nachkommen der drei Huan-Geschlechter so wenige.«

4 – Drei nützliche und drei schädliche Freunde

Meister Konfuzius sprach: »Es gibt dreierlei Freunde, die von Nutzen sind, und dreierlei Freunde, die vom Übel sind. Freundschaft mit Aufrichtigen, Freundschaft mit Beständigen, Freundschaft mit Erfahrenen ist von Nutzen. Freundschaft mit Speichelleckern, Freundschaft mit Duckmäusern, Freundschaft mit Schwätzern ist vom Übel.«

5 – Drei nützliche und drei schädliche Freuden

Meister Konfuzius sprach: »Es gibt dreierlei Freuden, die von Nutzen sind, und dreierlei Freuden, die vom Übel sind: Freude an der Selbstbeherrschung durch Kultur und Kunst, Freude am Reden über andrer Tüchtigkeit, Freude an vielen würdigen Freunden: das ist von Nutzen. Freude an Luxus, Freude am Umherstreichen, Freude an Schwelgerei: das ist vom Übel.«

6 – Drei Fehler im Verkehr mit Älteren

Meister Konfuzius sprach: »Im Zusammensein mit einem (älteren) Herren gibt es drei Vergehen: wenn er das Wort noch nicht an einen gerichtet hat, zu reden: das ist vorlaut; wenn er das Wort an einen gerichtet hat, nicht zu reden: das ist versteckt; ehe man seine Miene beobachtet hat, zu reden: das ist blind.«

7 – Dreierlei Vorsicht

Meister Konfuzius sprach: »Der Edle hütet sich vor dreierlei. In der Jugend, wenn die Lebenskräfte noch nicht gefestigt sind, hütet er sich vor der Sinnlichkeit. Wenn er das Mannesalter erreicht, wo die Lebenskräfte in voller Stärke sind, hütet er sich vor der Streitsucht. Wenn er das Greisenalter erreicht, wo die Lebenskräfte schwinden, hütet er sich vor dem Geiz.«

8 – Dreierlei Ehrfurcht

Meister Konfuzius sprach: »Der Edle hat eine (heilige) Scheu vor dreierlei: er steht in Scheu vor dem Willen Gottes, er steht in Scheu vor großen Männern, er steht in Scheu vor den Worten der Heiligen (der Vorzeit). Der Gemeine kennt den Willen Gottes nicht und scheut sich nicht vor ihm, er ist frech gegen große Männer und verspottet die Worte der Heiligen.«

9 – Vier Klassen des Wissens

Meister Konfuzius sprach: »Bei der Geburt schon Wissen zu haben, das ist die höchste Stufe. Durch Lernen Wissen zu erwerben, das ist die nächste Stufe. Schwierigkeiten haben und doch zu lernen, das ist die übernächste Stufe. Schwierigkeiten haben und nicht lernen: das ist die unterste Stufe des gemeinen Volks.«

10 – Neunerlei Gedanken

Meister Konfuzius sprach: »Der Edle hat neun Dinge, worauf er denkt: beim Sehen denkt er auf Klarheit, beim Hören denkt er auf Deutlichkeit, in seinen Mienen denkt er auf Milde, in seinem Benehmen denkt er auf Würde, in seinen Worten denkt er auf Wahrheit, in seinen Geschäften denkt er auf Gewissenhaftigkeit, in seinen Zweifeln denkt er an das Fragen, im Zorn denkt er an die Schwierigkeit (der Folgen), angesichts des Empfangens denkt er auf Pflicht.«

11 – Prinzipien mit und ohne Vertreter

Meister Konfuzius sprach: »»Das Tüchtige ansehen, als könnte man es nicht erreichen, das Untüchtige ansehen, als tauche man (die Hand) in heißes Wasser‹: ich habe Leute dieser Art gesehen, ich habe Reden dieser Art gehört. ›Im Verborgenen bleiben, um sich auf sein Ziel vorzubereiten, uneigennützig handeln, um seine Grundsätze zu verbreiten‹: ich habe Reden dieser Art gehört, aber ich habe noch nicht Leute dieser Art gesehen.«

12 – Urteil über historische Persönlichkeiten: Ging von Tsi und Be J und Schu Tsi

Fürst Ging von Tsi hatte an Pferden tausend Viergespanne, aber am Tag seines Todes pries ihn das Volk nicht um einer einzigen guten Eigenschaft willen. Be J und Schu Tsi starben Hungers am Fuß des Schou Yang Berges, aber das Volk preist sie noch bis auf den heutigen Tag. Das ist gerade wie es heißt: ...

[Anm.: Hierher gehört vermutlich der Schluss von XII, 10]:

»Wahrlich nicht um ihres Reichtums willen,
Einzig nur um ihrer Besonderheit willen.«)

13 – Des Meisters Verhältnis zu seinem Sohn

Tschen Kang fragte den Be Yü und sprach: »Hast du als Sohn (des Meisters) auch noch Außergewöhnliches (von ihm) zu hören bekommen?« Er entgegnete und sprach: »Noch nie. Einmal stand er allein da, als ich (ehrerbietig) mit kleinen Schritten an der Halle vorübereilte. Da sprach er. ›Hast du die Lieder gelernt?‹ Ich erwiderte und sprach: ›Noch nicht.‹ (Da sprach er:) ›Wenn man die Lieder nicht lernt, so hat man nichts zu reden.‹ Da zog ich mich zurück und lernte die Lieder.

An einem andern Tag stand er wieder allein da, als ich mit kleinen Schritten an der Halle vorübereilte. Da sprach er: ›Hast du die Riten gelernt?‹ Ich erwiderte und sprach: ›Noch nicht.‹ (Da sprach er:) ›Wenn man die Riten nicht lernt, hat man nichts zur (inneren) Festigung.‹ Da zog ich mich zurück und lernte die Riten. Was ich gehört habe, sind diese beiden (Belehrungen).« Tschen Kang zog sich zurück und sprach erfreut: »Ich habe nach Einem gefragt und habe dreierlei bekommen. Ich habe über die Lieder etwas gehört, ich habe über die Riten etwas gehört; außerdem habe ich gehört, dass der Edle seinen Sohn in (ehrerbietiger) Entfernung hält.«

BUCH XVII

Dies Buch enthält einige Geschichten über die Möglichkeiten, die Konfuzius geboten waren, in Dienste von Usurpatoren zu treten. Außerdem verschiedene Gespräche mit Schülern und aphoristische Aussprüche, die zum Teil ihre Parallelen in bisher Dagewesenem haben, zum Teil aber recht interessante Ergänzungen zum Bilde des Meisters geben. *[Vorbemerkung des Übersetzers]*

1 – Begegnung mit dem Usurpator Yang Ho[62]

Yang Ho wünschte den Meister Konfuzius (bei sich) zu sehen. Meister Konfuzius ging nicht, ihn zu sehen. Da sandte er dem Meister Konfuzius ein Schwein. Meister Konfuzius benutzte eine Zeit, da er ausgegangen war, um seinen Dankbesuch zu machen. Er begegnete ihm (aber) auf der Straße. Da redete er zu Meister Konfuzius und sprach: »Komm, ich will mit dir sprechen«, und sprach: »Wer seinen Schatz im Busen birgt und sein Land (dadurch) in Verwirrung bringt: kann man den sittlich nennen?«

(Meister Konfuzius) Sprach: »Man kann es nicht.« – »Wer bedacht ist auf öffentliche Anstellung und doch immer die Gelegenheit versäumt, kann man den weise nennen?« (Meister Konfuzius) Sprach: »Man kann es nicht.« – »Tage und Monde eilen, die Jahre warten nicht auf uns.« – Meister Konfuzius sprach: »Gut, ich werde ein Amt antreten.«

2 – Natur und Kultur

Der Meister sprach: »Von Natur stehen (die Menschen) einander nahe, durch Übung entfernen sie sich voneinander.«

3 – Unveränderlichkeit des Wesens

Der Meister sprach: »Nur die höchststehenden Weisen und die tiefststehenden Narren sind unveränderlich.«

4 – Kleine Zwecke, große Mittel

Der Meister kam zur Stadt Wu und hörte die Klänge von Saitenspiel und Gesang. Der Meister war belustigt und sprach lächelnd: »Um ein

---

[62] Begegnung mit dem Usurpator Yang Ho: Yang Ho war der oberste Hausbeamte der Familie Gi, der die Herrschaft an sich gerissen hatte und durch Anstellung Konfuzius' sein Ansehen stärken wollte. Als Konfuzius auf seine Aufforderung, ihn zu besuchen, nicht einging, machte er ihm ein Geschenk, das nach den Regeln der Höflichkeit von Seiten Konfuzius' einen Dankesbesuch erforderte. Konfuzius sucht auch hierbei der Begegnung auszuweichen. Unglücklicherweise begegnet er dem Usurpator auf dem Weg. Seine Weisheit besteht nun darin, dass er widerspruchslos die Tiraden des Usurpators über sich ergehen lässt und nur mit einem: »Zu Befehl« antwortet, ohne natürlich in seine Dienste einzutreten. Ein anderes Benehmen wäre für ihn eine Lebensgefahr gewesen.

Huhn zu töten, braucht es da ein Ochsenmesser?« Dsï Yu erwiderte und sprach: »Ich habe einst den Meister sagen hören: ›Der Edle, wenn er Bildung erwirbt, bekommt Liebe zu den Menschen; der Geringe, wenn er Bildung erwirbt, lässt sich leicht beherrschen.‹« Der Meister sprach: »Meine Kinder, Yens Worte sind richtig, meine vorigen Worte waren nur im Scherz gesprochen.«

5 – Möglichkeit des Wirkens I

Gung-Schan Fu-Jau hatte (die Stadt) Bi besetzt und berief (den Meister). Der Meister war geneigt zu gehen. Dsï Lu war (darüber) unwillig und sprach: »Wenn man kein Unterkommen findet, so stehe man (von der öffentlichen Wirksamkeit) ab, aber warum denn zu diesem Gung-Schan gehen!« Der Meister sprach: »Dass er grade mich beruft, wie sollte das zufällig sein? Wenn jemand mich braucht, kann ich dann nicht ein östliches Dschou-Reich gründen?«

6 – Die fünf Vorbedingungen der Sittlichkeit

Dsï Dschang fragte den Meister Konfuzius nach (dem Wesen) der Sittlichkeit. Meister Konfuzius sprach: »Auf dem ganzen Erdkreis fünf Dinge durchzuführen, das ist Sittlichkeit.« (Dsï Dschang sprach:) »Darf ich danach fragen?« (Meister Konfuzius) sprach: »Würde, Weitherzigkeit, Wahrhaftigkeit, Eifer und Gütigkeit. Zeigt man Würde, so wird man nicht missachtet; Weitherzigkeit: so gewinnt man die Menge; Wahrhaftigkeit: so vertrauen einem die Menschen; Eifer: so hat man Erfolg; Gütigkeit: so ist man fähig, die Menschen zu verwenden.«

7 – Möglichkeit des Wirkens II

Bi Hi berief (den Meister). Der Meister war geneigt, hinzugehen. Dsï Lu sprach: »Einst habe ich vom Meister gehört: ›Wer in seinem persönlichen Betragen nicht gut ist, mit dem lässt sich der Edle nicht ein.‹ Bi Hi hat Dschung Mou im Aufruhr besetzt; wenn (nun) der Meister hingeht: was soll das?« Der Meister sprach: »Ja, ich habe das gesagt; aber heißt es nicht auch: ›Was wirklich fest ist, mag gerieben werden, ohne dass es abgenutzt wird‹? Heißt es nicht: ›Was wirklich weiß ist, kann auch in eine dunkle Flüssigkeit getaucht werden, ohne dass es schwarz wird‹? Wahrlich, bin ich denn ein Kürbis, den man nur aufhängen kann, aber nicht essen?«

8 – Die sechs Worte und sechs Verdunkelungen

Der Meister sprach: »Yu, hast du die sechs Worte und die sechs Verdunkelungen gehört?« (Dsï Lu) erwiderte und sprach: »Noch nicht.« (Der Meister sprach:) »Setze dich, ich werde sie dir sagen: Sittlichkeit lieben, ohne das Lernen zu lieben: diese Verdunkelung führt zur Torheit; Weisheit lieben, ohne das Lernen zu lieben: diese Verdunkelung führt zu Ziellosigkeit; Wahrhaftigkeit lieben, ohne das Lernen zu lieben: diese Verdunkelung führt zu Beschädigung[63]; die Geradheit lieben, ohne das Lernen zu lieben: diese Verdunkelung führt zu Grobheit; den Mut lieben, ohne das Lernen zu lieben: diese Verdunkelung führt zu Unordnung; die Festigkeit lieben, ohne das Lernen zu lieben: diese Verdunkelung führt zu Sonderlichkeit.«

9 – Der Nutzen des Liederbuchs

Der Meister sprach: »Meine Kinder, warum lernt ihr nicht die Lieder? Die Lieder sind geeignet, um anzuregen; geeignet, um zu beobachten; geeignet, um zu vereinigen; geeignet, um den Groll zu wecken; in der Nähe dem Vater zu dienen, in der Ferne dem Fürsten zu dienen; man lernt (außerdem) viele Namen von Vögeln und Tieren, Kräutern und Bäumen kennen.«

10 – Der Meister im Gespräch mit seinem Sohn über die Poesie

Der Meister redete zu Be Yü und sprach. »Hast du schon (die Lieder im) Dschou Nan und Schau Nan betrieben? Ein Mensch, der nicht das Dschou Nan und Schau Nan treibt, ist der nicht, gleich als stünde er mit dem Gesicht gerade vor der Wand?«

11 – Scheinkultur

Der Meister sprach: »›Riten‹ heißt es, ›Riten‹, heißt es: wahrlich, heißt das denn Edelsteine und Seide? ›Musik‹ heißt es, ›Musik‹ heißt es: wahrlich, heißt das denn Glocken und Pauken?«

---

[63] Beschädigung: Gemeint ist rücksichtslose Konsequenz, die das eigne und andrer Leben schädigt.

12 – Wider die Hochtrabenden

Der Meister sprach: »Im Äußeren streng und innerlich schwach, (so einen kann man) vergleichen mit den niedrigen Menschen. Ist er nicht wie ein Dieb, der (durch die Wand) gräbt oder einsteigt?«

13 – Wider die Heuchler

Der Meister sprach: »Jene ehrbaren Leute im Lande sind Räuber der Tugend.«

14 – Wider die Schwätzer

Der Meister sprach: »Auf der Straße hören und auf dem Wege reden ist die Preisgabe des Geistes.«

15 – Wider die Streber

Der Meister sprach: »Jene Niederträchtigen! Wahrlich, kann man denn mit ihnen zusammen dem Fürsten dienen? Wenn sie es noch nicht erreicht haben, so leiden sie darunter, es zu erreichen; wenn sie es dann erreicht haben, so leiden sie darunter, es zu verlieren; wenn sie aber darunter leiden, dass sie es verlieren könnten, so gibt es nichts, zu was sie nicht fortschreiten würden.«

16 – Der Wechsel der Fehler im Lauf der Zeiten

Der Meister sprach: »Bei den Alten hatten die Leute drei Schwächen, die so heute wohl nicht mehr vorkommen: in alter Zeit waren die Schwärmer rücksichtslos, heute sind sie zügellos; in alter Zeit waren die Harten verschlossen, heute sind sie zänkisch und rechthaberisch; in alter Zeit waren die Toren gerade, heute sind sie verschlagen.«

17 – Der Schein trügt

Der Meister sprach: »Glatte Worte und einschmeichelnde Mienen sind selten vereint mit Sittlichkeit.«

18 – Das Glänzende und das Echte

Der Meister sprach: »Ich hasse es, wie das Violett den Scharlach beeinträchtigt; ich hasse es, wie die Klänge von Dschong die Festlieder verwirren; ich hasse es, wie die scharfen Mäuler Staat und Familien umstürzen.«

19 – Wirken ohne Worte

Der Meister sprach: »Ich möchte lieber nichts reden.« Dsï Gung sprach: »Wenn der Meister nicht redet, was haben dann wir Schüler aufzuzeichnen?« Der Meister sprach: »Wahrlich, redet etwa der Himmel? Die vier Zeiten gehen (ihren Gang), alle Dinge werden erzeugt. Wahrlich, redet etwa der Himmel?«

20 – Abweisung eines Besuchers

Jü Be wünschte den Meister Konfuzius zu sehen. Meister Konfuzius lehnte es ab, weil er krank sei. Während aber der Bote zur Tür hinausging, nahm er die Laute und sang, damit er es hören sollte.

21 – Über die Trauerzeit

Dsai Wo fragte über die dreijährige Trauerzeit (und sprach): »Ein Jahr ist schon genug. Wenn der Edle drei Jahre lang keine Riten befolgt, so verderben die Riten sicher. Wenn er drei Jahre lang keine Musik ausübt, so geht die Musik sicher zugrunde. Wenn das alte Korn zu Ende ist und das neue Korn sprosst, wenn man beim Feueranmachen die Holzarten wechselt, dann mag es genug sein.« Der Meister sprach: »(Dann) wieder Reis zu essen und in Seide dich zu kleiden: könntest du dich dabei beruhigen?« (Jener) sprach: »Ja.« – »Nun, wenn du dich dabei beruhigen kannst, so magst du es tun. Was aber den Edlen anlangt, so ist er, während er in Trauer ist, nicht imstande, gutes Essen zu genießen; wenn er Musik hört, so erfreut sie ihn nicht; wenn er in Bequemlichkeit weilt, so fühlt er sich nicht wohl. Darum tut er solche Dinge nicht. Nun aber, kannst du dich dabei beruhigen, so magst du es tun.« Als Dsai Wo hinausgegangen war, sprach der Meisten »Yü ist doch lieblos! Ein Kind wird drei Jahre alt, ehe es die Arme von Vater und Mutter entbehren kann. Was die dreijährige Trauerzeit anlangt, so ist sie auf dem ganzen Erdkreis die durchgehende Trauerzeit. Hat denn Yü nicht jene drei Jahre lang die Liebe seiner Eltern erfahren?«

22 – Wider das Nichtstun

Der Meister sprach: »Sich satt essen den ganzen Tag, ohne den Geist mit irgendetwas zu beschäftigen, wahrlich, das ist ein schwieriger Fall. Gibt es denn nicht wenigstens Schach und Dambrett? Das zu treiben ist doch immer noch besser.«

23 – Mut und Pflichtgefühl

Dsï Lu sprach: »Der Edle schätzt doch wohl den Mut am höchsten.«
Der Meister sprach: »Der Edle setzt die Pflicht obenan. Wenn ein
Vornehmer Mut besitzt ohne Pflichtgefühl, so wird er aufrührerisch.
Wenn ein Geringer Mut besitzt ohne Pflichtgefühl, so wird er ein
Räuber.«

24 – Was der Edle hasst

Dsï Gung sprach: »Hat der Edle auch (gegen jemand einen) Hass?«
Der Meister sprach: »Er hat Hass. Er hasst die, welche der Leute
Übles verbreiten; er hasst die, welche in untergeordneter Stellung
weilen und die Oberen verleumden; er hasst die Mutigen ohne
Formen der Bildung; er hasst die, welche fest und waghalsig, aber
beschränkt sind.« Er sprach: »Sï, hast du auch (Leute, die du)
hassest?« (Dsï Gung sprach:) »Ich hasse die, welche spionieren und
es für Weisheit ausgeben. Ich hasse die Unbescheidenen, die sich für
mutig ausgeben, ich hasse die, welche (Geheimes) ausplaudern und
es für Geradheit ausgeben.«

25 – Frauen und Knechte

Der Meister sprach: »Mit Weibern und Knechten ist doch am
schwersten auszukommen! Tritt man ihnen nahe, so werden sie un-
bescheiden. Hält man sich fern, so werden sie unzufrieden.«

26 – Grenze der Möglichkeiten

Der Meister sprach: »Wer mit 40 Jahren (unter seinen Nebenmenschen) verhasst ist, der bleibt so bis zu Ende.«

BUCH XVIII

Dieses Buch enthält eine historische Nachlese. Die Abschnitte 3
bis 7 sind Anekdoten über die Misserfolge und den Widerspruch,
dem Konfuzius während seines Lebens begegnet ist. Sie sind einge-
rahmt von Anekdoten über Misserfolge bzw. Resignationen anderer
bedeutender Männer aus der Vergangenheit, teils mit, teils ohne
Bemerkungen Konfuzius' über sie. Die drei letzten Paragraphen sind
Zusätze, die als solche nichts mit Lun Yü zu tun haben. *[Vorbemer-
kung des Übersetzers]*

1 – Die drei sittlichen Heroen der Yin–Dynastie

Der Herr von We zog sich (vom Hofe) zurück, der Herr von Gi wurde Sklave, Bi Gan machte (dem König Dschou Sin) Vorwürfe und wurde getötet. Meister Konfuzius sprach: »Die Yin-Dynastie hatte drei (Männer von wahrer) Sittlichkeit.«

2 – Vaterlandsliebe

Hui von Liu Hia war Oberrichter und wurde dreimal entlassen. Da sprach jemand zu ihm: »Meister, ist es noch nicht so weit, dass Ihr Euch besser zurückzöget?« Er sprach: »Wenn ich auf gradem Weg den Menschen dienen will, wohin sollte ich gehen, ohne dreimal entlassen zu werden? Wollte ich aber auf krummen Wegen den Menschen dienen, warum sollte ich es nötig haben, mein Vaterland zu verlassen?«

3 – Im Staate Tsi

Der Fürst Ging von Tsi (überlegte) die Behandlungsweise des Meisters Konfuzius und sprach: »Ihn so behandeln wie das Haupt des Geschlechtes Gi kann ich nicht. Ich will ihm eine Stellung geben zwischen der des Hauptes der Gi und der des Hauptes der Mong-familie.« Später aber sprach er: »Ich bin zu alt, ich kann mich seiner nicht mehr bedienen.« Meister Konfuzius ging.

4 – Des Meisters Rücktritt aus dem Amt in Lu

Die Leute von Tsi sandten (dem Fürsten von Lu als Geschenk eine Truppe von) weiblichen Musikanten. Freiherr Gi Huan nahm sie an. Drei Tage wurde kein Hof gehalten. Meister Konfuzius ging.

5 – Der Narr von Tschu

Der Sonderling von Tschu, Dsië Yü, sang ein Lied und ging bei Meister Konfuzius vorbei und sprach:

> »O Vogel Fong, o Vogel Fong,
> Wie sehr dein Glanz verblich!
> Doch was gescheh'n ist, ist gescheh'n,
> Nur künftig hüte dich!
> Gib auf, gib auf dein eitles Müh'n!
> Wer heut' dem Staate dienen will,
> Der stürzt nur in Gefahren sich!«

Meister Konfuzius stieg herab und wünschte mit ihm zu reden, aber jener eilte fort und wich ihm aus. Es gelang ihm nicht, mit ihm zu reden.

6 – Die Furt

Tschang Dsü und Gië Ni waren miteinander mit Feldarbeit beschäftigt. Meister Konfuzius kam bei ihnen vorüber und ließ durch Dsï Lu fragen, (wo) die Furt (sei). Tschang Dsü sprach: »Wer ist der, der dort im Wagen die Zügel hält?« Dsï Lu sprach: »Das ist Kung Kiu *[Konfuzius]*.« Da sprach jener: »Ist das der Kung Kiu aus Lu?« (Dsï Lu) sprach: »Ja, der ist es.« (Darauf) sprach (jener): »Der weiß (ja wohl) die Furt.« Darauf fragte er den Gië Ni. Gië Ni sprach: »Wer ist der Herr?« Er sprach: »Dschung Yu.« Darauf jener: »Bist du ein Schüler des Kung Kiu aus Lu?« Er erwiderte: »Ja.«

(Dann) sprach (Gië Ni): »Eine ungeheure Überschwemmung: so sieht es auf dem Erdkreis aus, und wer (ist da), es zu ändern? Und dabei einem Lehrer zu folgen, der sich nur von (einem) Fürsten (zum andern) zurückzieht! Wäre es nicht besser, einem Lehrer zu folgen, der sich von der Welt (überhaupt) zurückzieht? Darauf hackte er weiter, ohne (nochmals) innezuhalten. Dsï Lu ging, um es (dem Meister) anzusagen. Sein Meister seufzte tief und sprach: »Mit den Vögeln und Tieren des Feldes kann man (doch) nicht zusammen hausen; wenn ich nicht mit diesem Geschlecht von Menschen zusammensein will, mit wem soll ich (dann) zusammensein? Wenn der Erdkreis in Ordnung wäre, so wäre ich nicht nötig, ihn zu ändern.«

7 – Dsï Lu und der Alte

Dsï Lu folgte (dem Meister Konfuzius) und blieb (auf dem Weg) zurück. Da begegnete er einem alten Manne, der an einem Stab einen Unkrautkorb über der Schulter trug. Dsï Lu fragte ihn und sprach: »Hat der Herr meinen Meister gesehen?« Der Alte sprach: »Deine vier Glieder sind nicht (zur Arbeit) beweglich, die fünf Kornarten kannst du nicht unterscheiden: wer ist dein Meister?« Er steckte seinen Stab in die Erde und jätete. Dsï Lu faltete die Hände (zum Gruß) und blieb aufrecht stehen. Da behielt er Dsï Lu über Nacht, schlachtete ein Huhn, machte einen Hirsebrei und gab es ihm zu essen. Auch stellte er ihm seine zwei Söhne vor.

Am andern Tag ging Dsï Lu, um es (dem Meister) anzusagen. Der Meister sprach: »Das ist ein verborgener (Weiser).« Er sandte Dsï Lu, um ihn nochmals zu sehen. Als er hinkam, war (aber jener) weggegangen. Dsï Lu sprach: »Sich von jedem Amte fern zu halten, ist wider die Pflicht. Die Schranken zwischen Alt und Jung darf man nicht verfallen lassen; nun erst die Pflichten zwischen Fürst und Diener: wie kann man die verfallen lassen? Wer (nur darauf) bedacht ist, sein eignes Leben rein zu halten, der bringt die großen menschlichen Beziehungen in Unordnung. Damit, dass der Edle ein Amt übernimmt, tut er seine Pflicht. Dass die Wahrheit (heutzutage) nicht durchdringt; das weiß er wohl.«

8 – Die sich von der Welt verbargen

Die sich unter das Volk zurückgezogen haben, waren: Be J, Schu Tsi, Yü Dschung, J Yi, Dschu Dschang, Hui von Liu Hia, Schau Liën.

Der Meister sprach: »Die ihr Ziel nicht erniedrigten und ihre Person vor Schande bewahrten: das waren Be J und Schu Tsi. Man (kann) sagen von Hui von Liu Hia und von Schau Liën, dass sie ihre Ziele erniedrigten und ihre Person in Schande brachten. Doch trafen sie in ihren Worten das Vernünftige, in ihrem Wandel trafen sie das Wohlerwogene; so waren sie, nichts mehr! Von Yü Dschung und J Yi (kann man) sagen, dass sie in der Verborgenheit lebten und ihren Worten Lauf ließen; in ihrem persönlichen (Wandel) trafen sie die Reinheit, in ihrem Rückzug trafen sie das den Umständen Entsprechende. Ich nun bin verschieden davon, (für mich gibt es) nichts (das unter allen Umständen) möglich, und nichts (das unter allen Umständen) unmöglich wäre.«

9 – Der Rückzug der Musiker von Lu[64]

Der Kapellmeister Dschï ging nach Tsi; der (Leiter der Musik beim) zweiten Mahl, Gan, ging nach Tschu; der beim dritten Mahl, Liau, ging nach Tsai; der beim vierten Mahl, Küo, ging nach Tsin; der Paukenmeister Fang Schu ging über den Gelben Fluss; der Meister der Handpauke, Wu, ging über den Hanfluss; der Unterkapellmeister Yang und der Meister des Musiksteins, Siang, gingen über das Meer.

10 – Der Rat des Fürsten Dschou an den Fürsten von Lu

Der Fürst Dschou redete zu dem Fürsten von Lu und sprach: »Der Edle vernachlässigt nicht seine Nächsten; er gibt seinen Dienern

---

[64] Der Rückzug der Musiker von Lu: Der Abschnitt ist ein Bericht, wie nach Konfuzius' Weggang die Musiker, die unter ihm mit der rechten Art, Musik zu machen, bekannt geworden waren (III, 23), das Land verließen, um nicht Zeugen des Verfalls der Kultur sein zu müssen.

keinen Anlass zum Groll darüber, dass er sie nicht gebraucht; alte Vertraute verwirft er nicht ohne schwerwiegenden Grund; er verlangt nicht Vollkommenes von einem Menschen.«

11 – Die vier Zwillingspaare der Dschou–Dynastie[65]

Dschou hatte acht Beamte: Be Da, Be Go, Dschung Du, Dschung Hu, Schu Ye, Schu Hia, Gi Sui, Gi Gua.

BUCH XIX

Das 19. Buch führt ein in die Verhältnisse der Schulen, die sich von Konfuzius nach seinem Tode abzweigten. Kein einziger direkter Ausspruch Konfuzius' ist darin enthalten. Beginnend mit zwei Aussprüchen Dsï Dschangs, die ziemlich genaue Reminiszenzen aus früheren Äußerungen des Meisters sind, schildert es in Abschnitt 3 den Übergang einiger Schüler Dsï Hias zu Dsï Dschang, der ihnen gegenüber Kritik an Dsï Hia übt. Darauf folgen zehn Abschnitte mit Äußerungen Dsï Hias, die sich ebenfalls ziemlich eng an frühere Worte des Meisters anschließen und oft nur spezielle Anwendungen oder weitere Ausführungen derselben enthalten. Dazwischen einige Äußerungen Dsï Yus. Die letzte dieser Äußerungen enthält eine Kritik Dsï Dschangs, der offenbar in ziemlich starkem Widerspruch zu der Richtung in der Schule Konfuzius' stand, die später die herrschende geworden ist. Die nächsten drei Abschnitte enthalten Äußerungen Dsong Schens, des Hauptes dieser Schule, worauf noch acht Abschnitte mit Gesprächen Dsï Gungs (Duan Mu Sï) folgen, die dazu dienen, das Missverständnis zu beseitigen, das offenbar in der Öffentlichkeit bald nach Konfuzius' Tod aufgekommen war, dass nämlich Dsï Gung noch über dem Meister stehe. Seine eigne Autorität wird dagegen ins Feld geführt. Im Ganzen sind die Zustände, in die wir hier einen Einblick tun, nicht besonders erfreulich. Namentlich der Streit mit dem offenbar sehr gewandten Dsï Dschang ist bezeichnend. *[Vorbemerkung des Übersetzers]*

---

[65] Dschou-Dynastie: Was dieser kleinen Absatz hier zu tun hat, ist unklar.

1 – Das Ideal des Gebildeten

Dsï Dschang sprach:»Der Gebildete, der angesichts der Gefahr sein Leben opfert, angesichts des Empfangens auf Pflicht denkt, beim Opfern auf Ehrerbietung denkt, bei den Totenbräuchen auf Trauer denkt: der mag wohl recht sein!«

2 – Mangelnder Fortschritt

Dsï Dschang sprach:»Sein geistiges Wesen festhalten, ohne es zu erweitern, die Wahrheit glauben, ohne zuverlässig zu sein: kann ein solcher als einer gelten, der (die Wahrheit) hat, oder kann er als ein solcher gelten, der sie nicht hat?«

3 – Dsï Hias Jünger bei Dsï Dschang

Jünger Dsï Hias befragten den Dsï Dschang über den Umgang (mit Menschen). Dsï Dschang sprach:»Was sagt Dsï Hia darüber?« Sie erwiderten:»Dsï Hia sprach: ›Mit denen, die es wert sind, Gemeinschaft haben, die, die es nicht wert sind, fernhalten‹.« Dsï Dschang sprach:»Verschieden davon ist, was ich gehört. Der Edle ehrt die Würdigen und erträgt alle; er rühmt die Tüchtigen und bemitleidet die Unfähigen. Bin ich ein würdiger Charakter, was sollte ich die andern Menschen nicht ertragen können; bin ich ein unwürdiger Charakter, so werden mich die andern von sich fernhalten. Was soll da das Fernhalten der andern?«

4 – Gefahr des Dilettantismus

Dsï Hia sprach:»Auch die kleinen Liebhaberkünste haben sicher etwas, das sich sehen lässt. Aber wenn man sie zu weit treibt, ist Verwirrung zu befürchten. Darum betreibt sie der Edle nicht.«

5 – Der rechte Philosoph

Dsï Hia sprach:»Wer täglich weiß, was ihm noch fehlt, und monatlich nicht vergisst, was er kann, der kann ein das Lernen Liebender genannt werden.«

6 – Bildung und Sittlichkeit

Dsï Hia sprach:»Ausgebreitete Kenntnisse erwerben und fest aufs Ziel gerichtet sein, ernstlich fragen und vom Nahen aus denken: Sittlichkeit liegt darin.«

7 – Das Gleichnis von den Handwerkern

Dsï Hia sprach: »Die hundert Handwerker bleiben in ihren Werkstätten, um ihre Arbeit zu vollenden; der Edle lernt, um seine Wahrheit zu erreichen.«

8 – Die Fehler der Gemeinen

Dsï Hia sprach: »Die Fehler der Gemeinen haben sicher eine Verzierung.«

9 – Die drei Verwandlungen des Edlen

Dsï Hia sprach: »Dreimal verschieden erscheint der Edle. (Aus der Ferne) gesehen (erscheint er) streng. Naht man ihm, so ist er milde. Hört man seine Worte, so ist er unbeugsam.«

10 – Der Wert des Vertrauens

Dsï Hia sprach: »Der Edle (erwirbt sich) das Vertrauen, dann erst bemüht er seine Untertanen; wenn sie noch kein Vertrauen haben, so halten sie das für Härte gegen sich. Er (erwirbt sich) das Vertrauen (seines Fürsten), dann erst macht er Vorhaltungen; wenn er noch nicht das Vertrauen (seines Fürsten) hat, so hält jener es für Beschuldigungen gegen sich.«

11 – Die Großen und die Kleinen

Dsï Hia sprach: »Die Menschen von großer Tugend übertreten nie die Grenzen. Leute von kleinerer Tugend mögen wohl einmal aus- und eingehen.«

12 – Dsï Yus Kritik und Dsï Hias Replik

Dsï Yu sprach: »Die Schüler Dsï Hias sind (wie) kleine Kinder: im Besprengen (des Fußbodens), Kehren, Gehorchen und Antworten, Eintreten und Hinausgehen: da sind sie zu brauchen. Aber wenn über den Nebensachen die Hauptsache vernachlässigt wird, was soll das heißen?« Dsï Hia hörte es und sprach: »Ei, Yen Yu ist im Irrtum! An der Lehre des Edlen: was ist da wichtig, dass es gelehrt werden muss, und was ist unwichtig, dass es vernachlässigt werden kann? Sie mag verglichen werden mit den Gräsern und Bäumen, die je nach ihrer Art verschieden behandelt werden müssen. Die Lehre des

Edlen: wie dürfte man die verwirren! Wer Anfang und Ende zugleich besitzt, das ist nur der Heilige!«

13 – Amt und Studium

Dsï Hia sprach: »Der Beamte, der Zeit übrighat, möge lernen. Der Lernende, der Zeit übrighat, möge ein Amt antreten.«

14 – Die Trauer

Dsï Yu sprach: »Bei den Totenbräuchen gehe man nicht weiter als bis zu wirklicher Herzenstrauer.«

15 – Dsï Yus Kritik an Dsï Dschang

Dsï Yu sprach: »Mein Freund (Dsï) Dschang kann (alle möglichen) schwierigen Dinge fertigbringen, aber sittlich (vollkommen) ist er noch nicht.«

16 – Dsong Schens Kritik an Dsï Dschang

Meister Dsong sprach: »Großartig in seinem Auftreten ist (Dsï) Dschang, aber es ist schwer, in seiner Gesellschaft Sittlichkeit zu erstreben.«

17 – Die Entfaltung des Wesens in der Trauerzeit

Meister Dsong sprach: »Ich habe vom Meister gehört, wenn ein Mensch sein eignes Selbst noch nicht entfaltet habe, dass das sicher in der Trauerzeit geschehen werde.«

18 – Vorbildliche Pietät

Meister Dsong sprach: »Ich habe vom Meister gehört: Die kindliche Gesinnung des Herren Mong Dschuang mag man in andern Dingen (zu erreichen) fähig sein. Aber dass er die Beamten seines Vaters und die Regierungsweise seines Vaters (nach dessen Tod) nicht veränderte, darin ist es schwerlich möglich (ihn) zu erreichen.«

19 – Menschlichkeit gegen die Schuldigen

Das Oberhaupt des Geschlechts Mong hatte den Yang Fu zum Oberrichter gemacht. (Dieser) befragte den Meister Dsong. Meister Dsong sprach: »Dass die Oberen ihren Weg verloren und das Volk in der Irre geht, das dauert nun schon lange. Wenn du daher den Tatbestand (eines Verbrechens) erlangt hast, so sei traurig und mitleidsvoll und freue dich nicht darüber.«

20 – Die Gefahr der falschen Stellung

Dsï Gung sprach: »Die Schlechtigkeit Dschou (Sins) war nicht so gar schlimm (wie man gewöhnlich von ihm denkt). Darum hasst es der Edle, in den Tiefen zu verweilen; denn alle Schlechtigkeiten des ganzen Erdkreises fallen sonst auf ihn.«

21 – Die Fehler des Edlen

Dsï Gung sprach. »Die Fehler des Edlen sind wie die Verfinsterungen der Sonne oder des Mondes. Macht er einen Fehler, so sehen es die Menschen alle. Bessert er ihn, so sehen die Menschen alle wieder zu ihm empor.«

22 – Die Quellen von Konfuzius' Bildung

Gung Sun Tschau von We befragte den Dsï Gung und sprach: »Wie kam Dschung Ni (Konfuzius' Gelehrtenname) zu seiner Bildung?« Dsï Gung sprach: »Der Pfad der Könige Wen und Wu ist noch nicht auf den Grund gesunken. Er ist noch vorhanden unter den Menschen. Bedeutende Männer wissen noch die Hauptsachen davon, unbedeutende Männer wissen noch die Nebensachen davon. Es gibt keinen Ort, wo der Pfad von Wen und Wu nicht mehr wäre. Wie hätte der Meister ihn da nicht kennenlernen sollen, und was brauchte er dazu einen einzelnen, bestimmten Lehrer?«

23 – Die Hofmauer

Wu Schu von dem Geschlechte Schu redete bei Hofe zu den Ministern und sprach: »Dsï Gung ist bedeutender als Dschung Ni.«

Dsi-Fu Ging-Be sagte es Dsï Gung an. Dsï Gung sprach: »Es ist wie bei einem Gebäude und seiner Mauer. Meine Mauer reicht nur bis zur Schulterhöhe; man kann leicht darüber wegsehen und das Schöne des Hauses (erkennen). Des Meisters Mauer ist viele Klafter hoch. Wer nicht die Tür davon erreicht und hineingeht, der sieht nicht die Schönheiten des Ahnentempels und den Reichtum der hundert Beamten. Die aber seine Tür erreichen, das sind wohl wenige. Ist es darum nicht ganz in Ordnung, dass jener Herr so redet?«

24 – Die Hügel und Sonne und Mond

Wu Schu von dem Geschlechte Schu schmälte Dschung Ni. Dsï Gung sprach: »Damit erreicht man nichts. Dschung Ni kann nicht geschmält werden. Andrer Menschen Bedeutung ist wie ein Hügel oder wie eine Anhöhe: man kann sie übersteigen. Dschung Ni ist wie Sonne und Mond: es wird nicht gelingen, über ihn hinwegzukommen. Wenn einer auch sich selbst von ihnen scheiden will: was schadet das Sonne und Mond? Man sieht daraus nur, dass er seine Fähigkeiten nicht kennt.«

25 – Der Himmelsfürst

Tschen Dsi Kin redete zu Dsï Gung und sprach: »Ihr seid zu gewissenhaft; wie sollte Dschung Ni bedeutender sein als Ihr?« Dsï Gung sprach: »Unter Edlen genügt ein Wort, um als weise zu erscheinen, ein Wort, um als unweise zu erscheinen. Darum darf man in seinen Worten nicht unvorsichtig sein. Die Unerreichbarkeit des Meisters ist wie die Unmöglichkeit, auf Stufen zum Himmel emporzusteigen. Wenn der Meister ein Land (als Erbe) bekommen hätte (so wäre es eingetroffen): ›Was er festsetzt, wird Gesetz, was er befiehlt, das geschieht; er gibt ihnen Frieden, und sie kommen herbei; was er bewegt, das ist im Einklang. Sein Leben ist herrlich, sein Tod schafft Trauer.‹ Wie wäre es möglich, ihn zu erreichen?«

BUCH XX

Das 20. Buch enthält nur drei Abschnitte von sehr unterschiedlicher Länge. Der Zweck dieses Buches ist kein anderer als der, Konfuzius einzureihen unter die Großen Heiligen der Vorzeit. Daher zur Einleitung die feierlichen Einsetzungsworte, die Yau gesprochen, als er die Herrschaft über den Erdkreis an seinen Nachfolger Schun übertrug, und die Schun gesprochen, als er sie an den großen Yü weitergab. Darauf das Gebet des Königs Tang, der den Tyrannen Gië, den letzten Fürsten der Hia-Dynastie, stürzte. Ferner eine Schilderung der Regierungsgrundsätze der Dschou-Dynastie, die ihrerseits wiederum die von Tang gegründete Schang- oder Yin-Dynastie ablöste. Die Worte zum Schluss erinnern ganz auffallend an das Gespräch Konfuzius’ mit Dsï Dschang über die Staatsregierung XVII,6. Nun wird Konfuzius selbst eingeführt mit seinen Prinzipien bezüglich der Regierung des Erdkreises, wieder in einem Gespräch mit Dsï Dschang, das mit jenem eben erwähnten formell verwandt ist. Den Schluss des ganzen Werks bildet ein kurzer Ausspruch des Meisters, der seine Grundsätze im Allgemeinen zusammenfasst. *[Vorbemerkung des Übersetzers]*

1 – Die heiligen Fürsten der Vorzeit

Yau sprach. »Du, o Schun! Des Himmels Bestimmung der Zeiten kommt an deine Person. Halte treulich diese Mitte. Wenn die (Menschen innerhalb der) vier Meere in Bedrängnis und Mangel kommen, so wird des Himmels Lohn für ewig zu Ende sein.«

Schun gebrauchte auch (diese Worte), um Yü[66] zu betrauen ... und sprach: »Ich, dein Sohn Li, wage es, ein dunkelfarbenes Rind zu opfern; ich wage es, dir zu unterbreiten, o erhabener, erhabener Herrscher Gott, dass ich dem Sünder nicht wagte zu verzeihen; deine Knechte, o Gott, will ich nicht verdunkeln, ihre Prüfung geschehe nach deinem Herzen, o Gott. Wenn ich selbst Sünde habe, so rechne sie nicht den zehntausend Gegenden zu; wenn die zehntausend Gegenden Sünde haben, so bleibe die Sünde auf meinem Leib.«

»Dschou hat großen Lohn:
Tüchtige Männer sind dieser Reichtum.
Obwohl Dschou Verwandte hat,
(Stehen sie ihm) nicht so (hoch) wie gute Menschen.
Wenn das Volk Fehler hat,
So mögen sie auf mich allein kommen.«

[...][67] Sie achteten sorgsam auf Waage und Maß, prüften Gesetze und Rechte, setzten entlassene Beamte wieder ein, und die Regierung der vier Himmelsgegenden nahm ihren Lauf. Sie brachten erloschene Staaten wieder zur Blüte, sie gaben abgebrochenen Geschlechtern Fortsetzung, sie zogen Leute ans Licht, die sich in Verborgenheit zurückgezogen hatten. Und alles Volk unter dem Himmel wandte (ihnen) sein Herz zu. Was sie besonders wichtig nahmen, war die Nahrung des Volks, Totenbräuche und Opfer. Sie waren weitherzig, so gewannen sie die Massen; sie waren treu, so vertraute ihnen das Volk; sie waren eifrig, so hatten sie Erfolg; sie waren gerecht, so waren (alle) befriedigt.

---

[66] ... um Yu zu betrauern: Hier fehlt die Bezeichnung. Unzweifelhaft ist Tang gemeint, wie aus dem Vornamen Li hervorgeht.

[67] Auslassung: Hier fehlt eine Passage des Originaltextes

2 – Der rechte Herrscher

Dsï Dschang befragte den Meister Konfuzius und sprach. »Wie muss man handeln, damit man imstande sei, (gut) zu regieren?« Der Meister sprach: »Achte die fünf schönen (Eigenschaften) hoch und beseitige die vier üblen, dann bist du imstande, (gut) zu regieren.« Dsï Dschang fragte: »Welche (Eigenschaften) heißen die fünf Schönen?« Der Meister sprach: »Der Herrscher ist gnädig, ohne Aufwand zu machen; er bemüht (das Volk), ohne dass es murrt; er begehrt, ohne gierig zu sein; er ist erhaben, ohne hochmütig zu sein; er ist ehrfurchtgebietend, ohne heftig zu sein.«

Dsï Dschang fragte: »Was heißt das, gnädig sein, ohne Aufwand zu machen?« Der Meister sprach: »Wenn man die (natürlichen Quellen) des Reichtums der Untertanen benützt, um sie zu bereichern: ist das denn nicht Gnade ohne Aufwand? Wenn man vorsichtig auswählt, (womit man das Volk gerechterweise) bemühen darf, und es dann (entsprechend) bemüht: wer wird da murren? Wenn man Sittlichkeit begehrt und Sittlichkeit erreicht, wie wäre das gierig? Wenn der Herrscher ohne Rücksicht, (ob er es mit) Großen oder Kleinen (zu tun hat), nicht wagt, (die Menschen) geringschätzig zu behandeln: ist das denn nicht erhaben, ohne hochmütig zu sein? Wenn der Herrscher seine Kleidung und Kopfbedeckung ordnet, auf seine Mienen und Blicke achtet, dass er eine Hoheit (zeigt), sodass die Menschen, die ihn sehen, sich scheuen: ist das denn nicht ehrfurchtgebietend, ohne heftig zu sein?«

Dsï Dschang sprach. »Welche (Eigenschaften) heißen die vier Üblen?« Der Meister sprach: »Ohne (vorherige) Belehrung zu töten: das heißt Grausamkeit; ohne (vorherige) Warnung (die auferlegten Arbeiten) fertig sehen (zu wollen): das heißt Gewalttätigkeit; nachlässige Befehle erteilen und (doch) auf Einhaltung der Zeit (bei der Ausführung dringen): das heißt Unrecht; und schließlich: wenn man (Belohnungen) an (verdiente) Leute gewährt, bei ihrer Verteilung zu geizen: das heißt Kleinlichkeit.«

3 – Die Summe der Lehre

Der Meister sprach: »Wer nicht den Willen Gottes kennt, der kann kein Edler sein. Wer die Formen der Sitte nicht kennt, der kann nicht gefestigt sein. Wer die Rede nicht kennt, der kann nicht die Menschen kennen.«

❖ ❖ ❖